Compact
コンパクト版 **保育者養成シリーズ**

谷田貝公昭・石橋哲成[監修]
谷田貝公昭・高橋弥生[編著]

幼稚園教育実習

一藝社

監修のことば

　江戸時代が終わり、明治になって1875（明治8）年、京都に柳池校付属の「幼稚遊戯場（ようち）」ができたが、これは1年半ばかりで廃止されてしまった。よって、一般には、翌1876（明治9）年に創立された東京女子師範学校附属幼稚園が、日本における最初の幼稚園と言われている。それから140年が経過した。日本最初の保育所は、1890（明治23）年、越後の国（新潟県）に誕生した。赤沢鍾美（あつとみ）が自宅に「新潟静修学校」という私塾を設け、青少年の教育に携わったが、生徒の中には、乳幼児を背負ってくる貧家の子も多く、見兼ねた妻の仲子が乳幼児を保育するようになって赤沢保育園が始まったと言われている。保育所の歴史もすでに126年が過ぎたことになる。

　このように幼稚園も保育所（保育園）も、すでに100年以上の歴史を有するが、長い間「幼稚園」は文部省、「保育所」は厚生省の管轄下に置かれ、今なお、役所の名前は変わったものの、それぞれ文部科学省と厚生労働省の管轄下に置かれている。しかも、幼稚園で働く人には幼稚園教諭免許が、保育所で働く人には、保育士資格が求められ、同じ幼児教育に携わるのに、違った免許や資格が求められてきた。

　しかし、幼稚園も保育所も同じように、幼児の心身の円満なる発達を願っての営みであることには変わりない。この2つの保育施設がなんとか一つにならないものかと「幼保一元化」の動きが出てきたことも周知の事実である。この動きは、社会環境の変化とともにしだいに大きなうねりとなり、2006（平成18）年、「就学前の子どもに関する教育、保育等の総合的な提供の推進に関する法律」（「認定こども園設置法」）が成立して、「認定こども園」が誕生するに至ったのである。

長い伝統を持つ幼稚園や保育所の制度が完全に解体されることはないであろうが、今後、この2つの機能を併せ持つ「総合こども園」の構想もありえるし、さらには、また違った幼児教育施設の構想がなされていくかもしれない。しかし、どんなに時代が変わり、幼児教育制度が変わろうとも、その制度を生かすも殺すも、それは保育者の資質しだいであり、幼児教育の成否は、保育者の優れた資質能力に負うところが大きいと言わねばならないのである。

　この「コンパクト版保育者養成シリーズ」は、幼児の心の分かる保育者の育成を願って企画されたことは言うまでもないが、今回「コンパクト版」と銘打った理由は、大学の半期の授業に合うよう15章立てとし、1章10ページ前後、全体でも160ページ前後に圧縮するという編集方針をとったことによる。1章の内容を1コマの時間で学べるように、必要不可欠な事項について簡潔明瞭な説明を旨とするよう努めたつもりである。多くの保育者養成機関でのテキストとして、また保育現場の先生方には研修と教養の一助として使用されることを強く願っている。

　最後になったが、監修者の意図を快く汲んで、本シリーズの刊行に全面的に協力をいただいた一藝社・菊池公男社長、また、編集スタッフの皆さんに深く感謝申し上げたい。

2017年2月吉日

　　　　　　　　　　　　　　　　　　監修者　谷田貝公昭
　　　　　　　　　　　　　　　　　　　　　　石橋　哲成

まえがき

　現在の日本は、他国に類を見ない勢いで少子・高齢化に転換しており、子どものいる家庭の約半分は一人っ子である。2012（平成24）年には、子ども・子育て関連3法が成立し、子育て支援の総合的な推進に力を入れたが、現状では、待機児童の問題も解消されていない。2014年度には、子どもの6人に1人が貧困であるという報告が、厚生労働省からなされた。このように、子どもを取り巻く環境は、子どもにとって好ましいとは言い難い社会情勢といえる。

　子どもは本来、毎日を幸福感に包まれながら、全力で生きているべき存在ではないだろうか。全力で遊び、全力でけんかをし、全力で泣くことができるのが子どもである。この子どもの全力、つまり育つ力を、より良い方向に向ける役割を持つのが周囲の大人である。

　しかし、現状はその役割を十分果たせない大人が多いのも事実である。そこで求められるのが、幼児教育に関する高い専門性を持った幼稚園教諭の存在ではないだろうか。

　2008（平成20）年施行の幼稚園教育要領では、幼稚園における教育は環境を通して行うものであり、幼児の遊びは重要な学習であるとしている。ゆえに幼稚園教諭は、子どもの発達に適した環境を用意し、遊びが発展するような援助ができなければならない。

　ところが、幼児教育というのは小学校以上の学校のように教科書があるわけではないので、何歳にどんな環境が良い、などという決まりはない。教師が目の前の子どもの状況を多角的に理解することによって、どのような環境が望ましいかを常に考えるのである。

しかし、このようなことはいきなりできることではない。幼稚園という場とそこでの教師の役割を知り、子どもとかかわる経験を積みながら、少しずつできるようになっていくのである。そして、その入り口になるのが幼稚園での教育実習であろう。

　養成校では、幼稚園教諭に必要な知識や技術を理論として学ぶはずである。しかし、理論を実践につなげることは、そうたやすいことではない。また、子どもは理論通りには動いてくれないものである。だからこそ、実習の場で理論と実践を融合させながら、子どもに対する理解を深めていくことが大切なのである。

　また、保育の環境には人的環境も含まれており、実習中は、実習生といえども子どもにとっての環境の一部になる。ゆえに、子どもにとって良い環境となる人間性を備えていることも大切である。現場の教師の姿から、自分に欠けている点に気づき、人間性を高めるための学びを得ることも教育実習の大きな意義といえるだろう。

　本書は、幼稚園教諭を目指す学生が幼稚園で教育実習を行う際の助けとなるさまざまな要素を盛り込んだつもりである。実習の事前・事後学習だけでなく、実習中にも参考にしていただければと思う。本書が幼稚園教育実習を充実させるために役立つことができれば、編者としてはうれしい限りである。

　最後に、本書の出版に快く応じてくださった一藝社の菊池公男社長と、編集・校正にあたっていただいた同社の松澤隆氏に心より御礼申し上げたい。

　　2017年2月

編著者　谷田貝公昭
　　　　高橋　弥生

もくじ

監修のことば 2
まえがき 4

第1章　保育の意義

第1節　保育とは何か　9
第2節　子どもを取り巻く社会　11
第3節　幼稚園の保育とは　14

第2章　幼稚園とは

第1節　「幼稚園」の誕生とその発展　18
第2節　日本における今日の幼稚園の生活　22
第3節　幼稚園における「個」の育ちと「集団」の育ち　25

第3章　実習の意義と目的

第1節　実習の意義　28
第2節　実習の目的　32

第4章　子どもの理解

第1節　発達の原理　37
第2節　社会性の発達　40
第3節　遊び　43

第5章　さまざまな理念の幼稚園

第1節　幼稚園の理念とは　47
第2節　特色ある保育理念を持つ幼稚園　48
第3節　宗教保育　52

第6章　保育者とは

- 第1節　保育者とは　55
- 第2節　保育者の資質　57
- 第3節　保育者に関するいくつかの問題　61

第7章　実習の心構え

- 第1節　事前の心構え　65
- 第2節　オリエンテーションの心構え　68
- 第3節　実習中の心構え　70

第8章　保育者のマナー

- 第1節　挨拶　74
- 第2節　敬語　75
- 第3節　身だしなみ　77
- 第4節　守秘義務とSNSの危険性　78

第9章　実習段階

- 第1節　実習段階と内容　81
- 第2節　実習の計画と日々の目的　85

第10章　保育内容と方法

- 第1節　幼稚園教育の基本　90
- 第2節　幼稚園教育における保育内容　93
- 第3節　保育方法　96

第11章　実習日誌

第1節　実習日誌の重要性　*99*
第2節　実習日誌に何を書くのか　*100*
第3節　考察とエピソード記録　*109*

第12章　指導案の作成

第1節　教育課程の理解　*112*
第2節　指導計画の実際　*114*
第3節　指導案作成のポイント　*119*

第13章　部分実習のために

第1節　部分実習とは　*125*
第2節　部分実習の具体例　*130*

第14章　一日実習のために

第1節　一日実習とは　*134*
第2節　一日実習の指導案（日案）について　*135*
第3節　一日実習の事前準備　*142*
第4節　当日の心構え　*143*

第15章　実習のふり返り

第1節　自己評価とふり返り　*145*
第2節　他者のふり返りからの気づき　*149*
第3節　自己課題の明確化　*151*
第4節　お礼状　*153*

監修者・編著者紹介　*155*
執筆者紹介　*156*

第 1 章 保育の意義

第 1 節 保育とは何か

1 保育とは

「保育」という用語が最初に使われたのは、1876（明治9）年開園した東京女子師範学校（現・お茶の水女子大学）附属幼稚園の規則の中であった。その意味は、「保護と教育」であったとされている。

保育所での保育については、「養護と教育」の意味を持っているが、どちらも乳幼児の生命を守り、発達を促し、成長に沿った教育を行うという意味であると考えてよいだろう。このように捉えると、保育とは、一般的に就学前の子どものための施設で行われる営みを指しているが、広い意味では家庭における子育ても保育ということができる。

本書は幼稚園における実習に関する内容であるので、保育とは乳幼児の通う施設において展開される、専門性を持った保育者による営みであると捉えてほしい。

では、保育者による保育と、家庭における保育には、どのような違いが考えられるだろうか。また、共通する点はなんであろうか。

2 家庭での子育て

家庭における保育、子育ての担い手は、主に親である。親は子どもが生まれると同時に親になり、子育てをすることになる。そのため、初めて子を持つ親はほとんどの場合において子育ての経験がなく、実際に子

どもを育てながら、同時に子育ての方法を学んでいくことになるのである。それは、我が子に対する愛情や本能的な行動が基盤となり、理論的ではなくとも、子どものためを思った子育てがなされている場合が多い。親は、我が子と強い愛着関係を築き、子どもも親を信頼し、それが基盤となって子育てが展開される。

子どもにとって親は、自分だけを見てくれる存在であり、困ったときには助けてくれる頼れる人なのである。ただし、その子育て方針は各家庭によってさまざまであり、同時に親の学歴や職業、経済状況なども多様である。ゆえに子どもは親の思いだけでなく、経済的な状況や文化的な財産を、家庭での子育てをとおして受け継いでいくことになる。

現代の日本は子どもの貧困問題が取り上げられ、家庭による経済的な格差が広がりつつある。そのような状況を受け、家庭での育児にも差が生じはじめている現状がうかがえる。しかし、幼児期に受ける育児は人格形成の基礎となり、生涯にわたって大きな影響を与える。

ゆえに、そのような格差の影響を埋めるために、保育施設での保育が必要な時代になっているのではないだろうか。その意味では、保育施設の担う役割はこれまで以上に大きなものであるということができるだろう。

3　保育施設での保育

就学前の子どもが通う主な保育施設は、幼稚園、保育所、認定子ども園であろう。そのような保育施設で行われる保育は、家庭での子育てとどのような違いがあるだろうか。また、共通点はなんであろうか。

まず、保育施設で保育を行う者、つまり保育者は、保育の専門知識を有した保育の専門家であることが挙げられる。幼稚園教諭の免許を得るには、養成校において専門的な知識を学び、幼稚園または認定子ども園における実習も行い、養成校を卒業しなければならない。保育士資格については、養成校に通わずに国家試験のみでの資格取得ができるが、実際には幼稚園教諭の免許と同様に、養成校で資格を取得する者がほとん

どである。2〜4年の期間をかけて専門的な知識と技術を学んだうえで保育現場に出るが、その後も自己研鑽(けんさん)を積み重ね、専門性を高めていかなければならないのが、保育施設の保育者である。家庭の子育てを担う親との違いは、この専門性があるかどうかという点が最も大きいだろう。

次に、保育施設は同年代の多くの子どもが通っており、集団で園生活を営むことが、家庭との大きな違いである。ほとんどの子どもは、家族以外の人との初めてのかかわりを経験することになる。家庭では親が自分のことだけを見ていてくれたが、保育施設ではそのような状況ばかりではないのである。しかし、その集団の中での生活を通して社会性を学び、コミュニケーション能力を高めていくことにつながる。家庭だけでは経験できない同年代の子どもたちとの遊び経験が、子どものさまざまな能力を高めるということである。

ゆえに保育者は、集団を育てる力、集団の中の個人を見る力の両方が求められる。子どもの発達に応じた、個とのかかわり、集団とのかかわりを見通しを持って行えることも、保育者の専門性の一つであろう。

では、家庭との共通点はなんであろうか。それは、子どもとの信頼関係が、保育の基盤になるという点である。保育者との信頼関係が築かれていないと、子どもにとって保育施設は楽しい場ではなくなる。そのような心情では、子どもにとって最善の保育が展開されることは期待できないのである。保育施設で保育を行う保育者は、家庭と保育施設の違いや共通点を踏まえたうえで、高い専門性を身につける努力を怠らず、日々の保育を展開していくことが大切である。

第2節　子どもを取り巻く社会

子どもを取り巻く社会の現状を把握しておくことは、保育を行ううえで重要である。特に現代社会においては、子どもを取り巻く環境が急激

に変化している現状がある。たとえ実習生といえども、基礎知識として備えて、実習に臨んでほしいものである。

1　核家族化の影響

核家族とは、夫婦（ひとりおやを含む）と、未婚の子どものみの世帯のことである。

2015年の国民生活基礎調査（2016、厚生労働省）によれば、「夫婦と未婚の子どものみの世帯」は869万1000世帯（子どものいる世帯の73.6％）で最も多く、「ひとり親と未婚の子どもの世帯」を含めた「核家族世帯」は、80.9％という高い割合を示している。次の「三世代世帯」が、189万3000世帯（同16.0％）となっており、かなりの差がある（**図表1-1**）。

核家族が多いということは、祖父母とのかかわりが少ないということであり、家族集団が小さい規模になっているということである。「三世代世帯」の良さは、子どもが幅広い年齢の大人とかかわり、さまざまな生活の知恵や技術を学べることであろう。また、祖父母をとおして地域との交流が多くなることもあるだろう。それにより「核家族世帯」の子どもより多様な経験ができると考えられる。

子どものいる世帯の8割が核家族である現状を踏まえると、幼稚園のような保育施設は意識的に幅広い世代の交流ができる場を設定することが求められているのである。

図表1-1　子どものいる世帯の構造

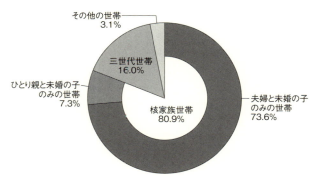

出典：2015年厚生労働省国民生活基礎調査より引用

2　少子化の影響

　1990年に「1.57ショック」といわれた合計特殊出生率※の低下で、少子化が社会問題となってからも出生率は低下する一方であった。

　2015年にはやや持ち直したが、それでも同年の合計特殊出生率は「1.46人」である。2016年の国民生活基礎調査（2016、厚生労働省）によれば、子どものいる世帯は全世帯の23.5%で、そのうち子どもが「1人」いる世帯は子どものいる世帯の46.4%、「2人」いる世帯は子どものいる世帯の40.4%となっている（**図表1-2**）。

　少子化により問題となるのは、子どもにとって一緒に遊ぶ相手がいないことであろう。近隣に子どものいる世帯がなければ、遊び相手がおらず、いつも親とのみ過ごすことになる。

　また、きょうだい数も減っており、一人っ子が最も多い現状は、家庭においても遊び相手がいない状況を示している。きょうだい関係は、親や友だちとの関係とは違い、その時の状況に応じて友だちになったり、ライバルになったりしながら、お互いを成長させていく関係である。

　そのような環境がない現代、保育施設での子どもどうしのかかわりや、異年齢とのかかわりが、いかに重要であるかということを理解しておく必要があるだろう。

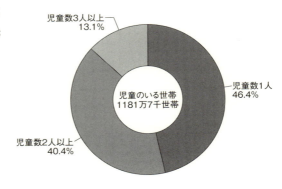

図表1-2　1世帯の子どもの数の割合

出典：2015年厚生労働省国民生活基礎調査より引用

※　女性の年齢別の出生率の合計のことで、1人の女性が一生の間に産む子どもの数の平均を意味する。1990年の厚生労働省「人口動態統計特殊報告」で、合計特殊出生率は過去最低の「1.57人」であった。

3　預かり保育

　近年、ほとんどの幼稚園が「預かり保育」を実施している。預かり保育とは、学校教育法施行規則に示されている教育時間以外の時間の保育時間を指しており、朝夕や夏休みのような長期休暇中の保育のことである。

　保育所ほど長時間ではないにしろ、子どもにとっては長く感じる時間であろう。この時間帯の保育については、日中の教育時間との関連を持たせながらも、少人数の家庭的な保育を心がける必要がある。

　女性の社会進出や経済の不安定さから共働き家庭が増加し、預かり保育の需要も増えている。預かり保育も幼稚園の保育の一部と捉え、実習ではその状況にも目を向け、子どもにとって良い環境を考えて欲しい。

○学校教育法施行規則　第37条
　幼稚園の毎学年の教育週数は、特別の事情のある場合を除き、39週を下ってはならない。

○幼稚園教育要領　第1章総則・第2「教育課程の編成」
・幼稚園の毎学年の教育課程に係る教育週数は、特別の事情のある場合を除き、39週を下ってはならないこと。
・幼稚園の1日の教育課程に係る教育時間は、4時間を標準とすること。
　ただし、幼児の心身の発達の程度や季節などに適切に配慮すること。

第3節　幼稚園の保育とは

1　生涯の基礎を築く

　幼稚園教育要領の第1章の冒頭には、「幼児期における教育は、生涯にわたる人格形成の基礎を培う重要なものであり」と記されている。

　幼児期の成長は非常に急激である。3歳で入園した時から卒園までの間に平均20cm近くも身長が伸び、体のバランスも変化する。頭が大きく、動きがたどたどしかった子どもが、安定した体形になり、動きも俊

敏になる。また、精神的な発達をみた場合、5歳くらいまでには基本的な情緒が備わるといわれている。5歳にもなればルールを理解し、相手の気持ちにも思いをはせることができるようになるのである。

　このように、心身の基盤は幼児期につくられるのであるから、その時期を過ごす幼稚園は、子どもにとって良い刺激を与える環境であることが求められる。もしこの時期に良い環境が与えられず、子どもの発達を阻害するようなことがあると、その後の学校生活や社会生活にも影響を及ぼすことになる。自分の考えを表現できる、人とかかわることが楽しい、体を動かすことが好き、さまざまなことに興味を示す、ルールを守った生活ができる、そして、主体的に物事にかかわっていけるといった、生活をする上での基本が備わるのが、幼児期なのである。この時期に十分遊び、それをとおして多くの学びを得る場が幼稚園なのである。

2　他者との出会い──保育者・友だち

　幼稚園に入園する子どもは、それが初めての集団生活であることがほとんどであろう。親の保護下から離れ、初めて家族以外の他者と、家庭以外の場所で長時間過ごすことになるのである。

　そこで出会う保育者や友だちは子どもに大きな影響を与える存在である。特に少子化が問題となる現代においては、子どもどうしが濃密にかかわる時間が持てる、貴重な場である。保育者は、子どもどうしのかかわりが、一人ひとりの子どもの、より良い成長の助けになるような援助を心がけることが大切である。

　例えば、けんかは、同じくらいの年齢の子どもの存在があって初めて起こる現象である。そして、それは子どもの精神的な発達にとっては必要不可欠な経験である。自分の思い通りにはならないことがあり、ときには我慢をしなければならない場面がある。また、自分の気持ちを相手に伝え、相手の気持ちを理解する力を育てる機会にもなるだろう。けんかをしても自分たちで解決し、いっそう仲良しになる経験は、子どもに

とって大きな自信になるとともに、コミュニケーションの基本を学ぶことになるのである。また、異年齢の子どもとのかかわりも大きな影響を与える。自分より年上の子どもにあこがれて真似をするうちにできるようになったり、年少の子どもにやさしくしたりする経験も、その後の成長の糧になるはずである。

さらに保育者とのかかわりも、人を信頼し助けを求めたり、保育者の姿をモデルとして生活習慣を獲得したりするために重要である。保育者は、子ども一人ひとりを受容し、共感の念を基盤としたかかわりをしていかなければならない。子どもが安心して幼稚園での生活が過ごせるような存在でなければならないのである。困ったときには保育者を頼れば助けてくれる、という安心感は、幼稚園での活動をより活発なものにするはずである。

3　子どもの時間を生きる

子どもには子どもの時間の進み方がある。それは大人の時間感覚とは違うものである。子どもは一つのことに夢中になるとそれ以外のことは目に入らなくなり、時間の経過は気にならない。納得するまでじっくりと取り組むことのできる時間を保証してやることができれば、子どもは自分自身で問題解決に向けて進み始めるような存在である。

しかし、現代社会では子どもの時間が保証されているとは言い難い現状がある。一人っ子の家庭では子どもの人数の方が大人の人数よりも少ない。そうなると、ついつい大人のペースで時間配分が考えられ、子どもにとっては十分な時間が確保されない状況となる。大人に比べ子どもは一つひとつの行動に時間がかかるものである。それを理解していれば、子どもの行動に必要な時間配分を考えるはずだが、そのような配慮ができる家庭ばかりではないだろう。結果として「早く」と急かしたり、大人の手があり過ぎて大人が全てやってしまったりするため、子ども自身が試しながら行動をする機会が奪われてしまうのである。

さらに、生活のリズムも大人に合わせてしまっている家庭が少なくない。2006年以降「早寝早起き朝ごはん」を提唱した国民運動が推進されてから、少しずつ早寝早起きになってきているという意見もあるが、子どもたちの現状を見ると、さほど大きな変化は見られていないと思われる。子どもの健康的な生活を確保するためには、遅くとも夜9時までには眠りにつくべき幼児期の子どもたちの姿を、夜遅い時間に見かけることが珍しくなくなっていないだろうか。幼稚園で生き生きと活動をするためには、夜間の十分な睡眠を確保しておく必要がある。

　幼稚園は、子どもが「子どもらしく生きるための時間」が保証される場でなければならない。そして保育者自身も「子どもの時間」の中に生きていることを実感し、保育を展開して行かなければならないのである。

4　教育課程に基づく保育

　幼稚園の多くは私立であるため、その保育方針はさまざまである。そして、各園の保育理念に基づいて立てられた保育目標にそって、望ましい経験を子どもに提供するための教育課程がつくられている。家庭の子育てとは違い、幼稚園の保育はこの教育課程をもとに保育計画が立てられ、日々の保育が実施されているのである。

　ゆえに、そこで働く保育者はその理念や教育課程を十分理解して日々の保育を行う必要がある。たとえ実習生であってもそれは同様であり、自分が実習する幼稚園の保育理念を、事前に知っておくことが大切である。

【参考文献】
　近藤幹生『保育とは何か』岩波書店、2014年
　谷田貝公昭編集代表『新版 保育用語辞典』一藝社、2016年
　谷田貝公昭・石橋哲成監修、石橋哲成編著『保育原理』(コンパクト版保育者養成シリーズ)一藝社、2016年
　文部科学省『幼稚園教育要領』教育出版、2008年
　厚生労働省「平成27年国民生活基礎調査」
　　http://www.mhlw.go.jp/toukei/saikin/hw/k-tyosa/k-tyosa15/index.html
　(2016年11月1日最終閲覧)

（高橋弥生）

第2章 幼稚園とは

第1節 「幼稚園」の誕生とその発展

1 世界で最初の幼稚園

　世界で最初に「幼稚園」が誕生したのは、1840年、ドイツの地においてであった。その後36年が過ぎ、1876（明治9）年には、日本にも最初の「幼稚園」がつくられ、今日に至っている。
　この節では、そもそも「幼稚園」は、どのような理由から創立されたものか、どのようにして現在へと発展してきたのかを概観してみたい。
　世界で最初に「幼稚園」を創立したのは、ドイツの教育家フレーベル（F. A. Fröbel, 1782～1852）であった。フレーベルが生きていた時代のドイツは、まだいまのように統一した国ではなく、多くの王国から成り立ち、国の内だけでなく、国と国との間でも戦いが繰り返し起こっていた。当然のことながら、子どもたちの遊びといえば、時代を反映して「戦争ごっこ」が中心であった。鉛の兵隊、戦場で鳴らされる太鼓、紙と棒でつくられた戦場の馬などが、遊具となっていた。
　フレーベルの著書『人の教育』によれば、一人ひとりの子どもには「神性」が宿っており、その神性（自己活動性や創造性）を発揮させ、展開してやることが教育の目的であった。では、子どもの有している自己活動性や創造性を展開させる手段とは何なのか？　フレーベルによれば、それが「遊び（Spiel）」であった。そのためには、鉛の兵隊などの遊具ではなく、子どもの遊びを正しく導いてやるための「遊具」が必要で

あった。そこでフレーベルが考案した「遊具」こそが「ガーベ（Gabe）＝恩物(おんぶつ)」なのである。

　恩物についての詳しい説明はここでは省略するが、現代ふうに言えば、子どもが自己活動・創造活動に従って、いろいろなものを組み立てていくことのできる、立方体や直方体を基本とした「積み木」等であった。

　フレーベルの幼稚園創立の第一歩は、この恩物と呼ばれる遊具の考案、制作から始まった。1839年6月、フレーベルはブランケンブルクに「幼児教育指導者講習所」を設立し、ここで学ぶ講習生のために、1日に2時間、ブランケンブルクの子どもたち40～50名ほどを集めて、自分たちが考案・制作した「恩物」を使用して実習を行った。この建物が「遊びと作業のための施設（Spiel‐und Beschäftigungsanstalt）」である。この施設に対して、幼児教育にふさわしい適切な名前を付けたいと考えていたフレーベルは、1840年のある春の日、ふと"Kindergarten"（キンダーガルテン＝子どもたちの庭）という名称を思いつき、その施設を5月1日よりこのように呼ぶようにしたのである。ここに「キンダーガルテン（幼稚園）」の誕生があった。

　保護された専用の庭で、子どもたちが遊びや作業を通じて、自らの自己活動や創造性を十分に発揮していくのを援助する場所、これがフレーベルの「幼稚園」だったのである。フレーベルが考えた遊びは、「恩物」による遊びだけではなく、旅行遊び、表現遊び、競争遊び、歩行遊びを内容とする「運動遊び」も積極的になされたし、そのほか、幼稚園では庭園での花や野菜の栽培等の「作業」も行われた。

　もちろん、フレーベルの幼稚園においても、毎日が恩物をとおしての「遊び」や運動遊び、あるいは庭園での「作業」だけが行われただけではなかった。「お祭りの時やお祭りの日ほど幼児の高尚な生命を生気づけるのに好都合(こうつごう)な時はない」とフレーベル自身が言っているように、森の中での「春の祭」、また、キリスト教の祭りである「クリスマス」や「復活祭」なども年中行事として大事にされた。

2 日本で最初の幼稚園

　我が国では1872（明治5）年に公布された「学制」において「幼稚小学ハ男女ノ子弟六歳迄ノモノ、小学ニ入ル前ノ端緒ヲ教フルナリ」（第22章）と記され、小学校に入る前段階の教育施設として「幼児小学」が規定された。だが、しばらくの間は設置されなかった。

　就学前幼児教育施設として実際に設けられた最初のものは、1875（明治8）年12月に、京都市上京第30区第27番組小学校（後の柳池小学校）に附設された「幼穉遊嬉場」であった。これはフレーベルの「キンダーガルテン」にならって、京都市が中心となって設けたものであったが、その重要性がまだ民衆に十分に認められず、1年半しか存続しなかった。

　フレーベルの「キンダーガルテン」の訳語として「幼稚園」を最初に名乗ったのは、1876（明治9）年11月に開園した東京女子師範学校附属幼稚園で、これが日本で最古の幼稚園とされている。現在も、お茶の水女子大学附属幼稚園として存続している。

　この幼稚園は、園児75名ほどを迎えて開園されたが、初代の監事（現在の園長に当たる職務）は関信三（1843～1880）であり、主席保姆は、ドイツの保姆養成所でフレーベルの理論とその実際を学んだ松野クララ（旧姓＝ツィーテルマン／C. Zitelmann, 1853～1941）、日本人最初の保姆は豊田芙雄（1844～1941）であった。

　その時の東京女子師範学校附属幼稚園規則の第1条には、「幼稚園開設ノ主旨ハ学齢未満の小児ヲシテ、天賦ノ知覚ヲ開達シ、固有ノ心思ヲ啓発シ、身体ノ健全ヲ滋補シ、交際ノ情誼ヲ暁知シ、善良ノ言行ヲ慣熟セシムルニ在リ」と記され、ここに保育の目的が定められている。

　それに基づいて、保育の内容も、「物品科」「美麗科」「知識科」の3つの領域を定め、具体的には25の保育項目が準備された。「物品科」は、幼児の日常生活に身近な器具、花鳥などを幼児に見せて、その名を教えるものであり、「美麗科」は、きれいな子どもの好きそうな彩色や絵画

を見せて、美の心を養うものであり、「知識科」は、いわゆるフレーベルの恩物（遊具）を使い、計算、唱歌、説話等によって知識を啓発していこうとするものであった。つまり「遊び」を通して、これら3つの保育領域を調和的に学んでいこうとした。「遊び」こそが「学び」の手段だったのである。なお、幼稚園に通う子どもの年齢は男女満3歳から満6歳までとし、保育の時間は毎日4時間と定められていた。

3　日本の幼稚園の発展

　東京女子師範学校附属幼稚園創設後は、これをモデルとした幼稚園が、日本各地に設立されることになった。同附属幼稚園の日本人最初の保姆であった豊田芙雄は、1879（明治12）年4月、鹿児島県からの依頼を受けて「鹿児島女子師範学校附属幼稚園」（現、鹿児島大学教育学部付属幼稚園）を、氏原鋹（1859～1931）もまた同年5月、「大阪府立模範幼稚園」（現・大阪教育大学附属幼稚園）を設立した。

　その他、キリスト教婦人宣教師たちが日本の幼稚園の発展普及に大きな役割を果たした。例えばポーター（F. E. Poter, 1859～1939）は、金沢の地に、1886（明治19）年「英和幼稚園」（現・北陸学院大学附属幼稚園）を創設したし、ハウ（A. L. Howe, 1852～1943）は、神戸に1889（明治22）年、「頌栄幼稚園」（現・頌栄短期大学附属幼稚園）を設立した。

　こうした人々の努力によって、1887（明治20）年には全国の幼稚園数は67園、さらに1892（明治25）年には177園になって、その後も増加していった。第二次世界大戦中は幼稚園の戦時託児所化が進んだり、さらには廃園や休園に追い込まれる幼稚園も相次いだが、戦後はまた急速に増加していった。

　「文部科学統計要覧」（平成26年度）によれば、終戦から10年経った1955（昭和30）年には日本全国の幼稚園総数は5426園であったが、2013（平成25）年には、国立49園、公立4817園、私立8177園、合計13043の数の幼稚園が存在している。

第2節　日本における今日の幼稚園の生活

1　幼稚園の目的・保育内容

　前節で述べたように、日本初の幼稚園として、「東京女子師範学校附属幼稚園」が創設され、その後の日本の幼稚園教育は、保育内容も規則も、同幼稚園のものが広く参考にされた。1926（大正15）年には勅令として「幼稚園令」が制定され、さらに先の大戦後の1947（昭和22）年には、「教育基本法」(旧)と併せて「学校教育法」が制定された。ここにおいて、「幼稚園」は「学校教育法」に基づく教育機関として位置づけられ、今日に至っている。

　では、今日の日本の「幼稚園」は、いかなる目的、いかなる内容をもって運営され、子どもたちはそこでどのような生活を送っているのであろうか？

　先に、日本の「幼稚園」は「学校教育法」に基づく教育機関として位置づけられたと述べたが、具体的には、どのように位置づけされているのであろうか？　「学校教育法」第3章は「幼稚園」に関する文言が続いているが、まず第22条には「幼稚園は、義務教育及びその後の教育の基礎を培うものとして、幼児を保育し、幼児の健やかな成長のために適当な環境を与えて、その心身の発達を助長することを目的とする」と、幼稚園の目的が高らかにうたわれている。その「目的」を達成するために「目標」が示され、「基本的な習慣を養い、身体的機能の調和的発達を図る」、「言葉の使い方を正しく導く」、「豊かな感性と表現力の芽生えを養う」等々が掲げられたが、これらが徐々に幼稚園教育の内容という形にまとめられていった。

　1956（昭和31）年に登場した最初の「幼稚園教育要領」で、「領域」という言葉が登場し、保育の6領域（健康・社会・自然・言語・音楽リズム・絵画製作）が示された。この「幼稚園教育要領」はその後、1964

（昭和39）年の改訂を経、さらに1989（平成元）年の全面改訂により、5領域（健康・人間関係・環境・言葉・表現）になった。現在の日本の幼稚園は、文部科学省が定めたこの「幼稚園教育要領」に従い、満3歳児から5歳児までの子どもたちを対象に、心身の健全な発達を目指して、1日4時間を標準とする幼児教育を行っている。

2　幼稚園における子どもの生活

(1) 幼稚園の一日

　幼稚園における園児たちの一日の生活は、どのようなものなのであろうか。日本の現在の日本の幼稚園数は、国公私立合わせて1万3千を超えており、幼稚園ごとに特色があることは言うまでもないが、一般的な一日の流れを見ていくことにしよう。

　◇朝8時〜9時　登園・自由遊び（個人の自発的な遊び）

　幼稚園の送り迎えを親がしている場合もあれば、園バスを利用する場合もあるので、登園時間には幅がある。幼稚園の入り口では、園長が出迎える園もあれば、年長児の「おはよう当番」と先生が出迎えている園もある。園児たちは自分の教室に入って出席簿のシールを貼ったり、荷物を所定の位置に置いたりする。早く幼稚園に来た園児は、時間まで屋内または屋外で自由遊びを楽しんでいる。

　◇10時頃〜　クラス・学年での活動（みんなと一緒の活動）

　「自由遊び」がそのまま午前中続く幼稚園もある。だが、多くの幼稚園では自由遊びが終わると、自分の教室へ戻ってクラスでの活動が始まる。絵を描いたり、体操したり、集団で遊んだり、工作をしたり、歌を歌ったり、担当の教諭の指導の下に、さまざまな活動が展開される。時には学年単位での活動も行われる。年長のクラスでは小学校への準備としてひらがなを教えたりする園もある。

　◇昼12時　昼食・自由遊び

　子どもたちの楽しみな昼食の時間である。おうちの方に作っても

らったお弁当を食べたり、曜日を決めて給食の幼稚園もある。食後に休息をとって、子どもたちはまた自由遊びを楽しむ。

　◇13時頃　帰りの集まり

　クラスに分かれて帰り支度が始まる。各教室で、歌を歌ったり、絵本を読んだり、先生の話を聞いたりして落ち着いた時間を過ごす。翌日のことについて先生からお知らせを聞くのもこの時である。

　◇13時30〜14時　降園

　降園の時間になる。園バスに乗り込んだり、保護者の迎えを待つことになる。一日の保育はこれで終わりになるが、最近では、17時頃まで預かり保育（延長保育）をやっている幼稚園もある。

(2) 幼稚園の主な年間行事

　文部科学省の「幼稚園教育要領」によれば、幼稚園における年間教育週数は最低39週である。各園ではこれを基準にして、年間を通した保育を考えている。年間行事は、各幼稚園によって多少の違いはあるものの、共通したものが多い。主な行事を見てみよう。

　4月　年度の始まりである。「入学式」では弟分、妹分となる年少の子どもたちを迎える。

　5月　5日は、「子どもの日」。連休を前に、子どもたちは工作で「鯉のぼり」等を作って楽しむ。「母の日」を祝う幼稚園もある。

　7月　「七夕（たなばた）」では笹の枝に、色紙細工したものを飾ったり、短冊に願いを書いて吊るしたり、「たなばたさま」の歌を歌ったりして祝う。

　9月　国民の祝日である「敬老の日」に合わせて、おじいさん、おばあさんを幼稚園に招いて「敬老の日の集い」を催している園もある。

　10月　「運動会」が行われる園が多い。当日まで練習を積み重ね、たくさん運動をして、体を準備しておく。

　11月　3日は国民的行事としての「文化の日」。園舎や園庭を一般に開放して、子どもの作品展やアトリエ展などが行われる。

12月　「クリスマス会」である。教会付属の幼稚園でなくても、クリスマスツリーを飾ったり、クリスマスソングを歌ったりして、イエス様の誕生日を祝う園が多い。

　1月　冬期休暇も入るため、特に月日の流れを速く感じる月である。防火訓練は子どもの安全を守るためにも大切な行事である。

　2月　「節分」の豆まきが行われる。「鬼は外、福は内！」といったかわいい掛け声が園から響いてくる。

　3月　中旬から下旬にかけて「卒園式」が行われる。心身ともにたくましくなって、年長の子どもたちは卒園していく。

　幼稚園での1年間の行事は幼稚園教諭にとってのみならず、園児たちにとっても、季節の移り変わりを感じる重要なものである。

　なお、園の行事はすべてが年に1回なされるものだけではなく、週ごとに、また月ごとに繰り返されるものもある。誕生会などは、毎月の行事としてなされる場合が多いことは言うまでもない。

第3節　幼稚園における「個」の育ちと「集団」の育ち

1　「個」を育てる幼稚園保育

　現行の「幼稚園教育要領」の「第1章　総則」には、まず「幼稚園教育の基本」が記されているが、そこには「幼児の主体的な活動を促し、幼児期にふさわしい生活が展開されるようにすること」というように、子どもの「個」を重視する面が強調されている。

　そして、幼児の自発的な活動としての「遊び」が心身の調和のとれた発達の基礎を培う重要な活動であることを認めて、「遊びを通しての指導」を中心として幼稚園教育がなされることを求めている。もちろん幼稚園で展開される「自由遊び」の中で「個」は遺憾なく発揮される。だ

が、集団の遊びの中でも同じように「個」の育成がなされることは言うまでもない。

アメリカの教育学者、デューイ（J. Dewey, 1859～1952）は、その著『経験と教育』において「教育の主なる目的は、自己制御する力を生み出すことだ」（The ideal aim of education is creation of power of self-control）と述べている。「自己制御」とは、自分の欲求、衝動をそのまま発露させてはいけない場面で、それをきちんと抑制し、制止できることである。

家庭では自分のおもちゃを独占していた子どもも、幼稚園という集団の中で限られた数のおもちゃを前にして、自分と同じ遊具で遊びたい他の子どもがいることを理解し、5歳頃には順番で道具を使用するようになるという。これはまさに、自己制御の能力が備わってきたからであり、「個」が確立する芽生えとして捉えることができる。

つまり、個の確立のためにも、そこには集団生活が大きな効果をもたらしてくれるわけである。「個」としての子どもの成長を育む家庭の保育を補いながらも、家庭では難しい「集団における個」としての子どもを心身の両面から育てる保育、それが幼稚園保育において可能となるのである。

2　「集団」の育ちを支える幼稚園保育

子どもの社会性の発達という視点から見れば、幼稚園という集団生活において育まれる面は多い。現在の日本の家庭は、核家族化・少子化が進み、子どもたちは祖父母との関わりが少なくなってきているばかりではなく、きょうだい同士の言い争いや助け合いの機会も少なくなり、他者との交わりが希薄になって来ている。人間は本来、社会的な動物であり、将来にわたって一人で生きていくことはできず、小さい頃から社会性を身に着けることが重要である。家庭で難しくなってきた集団生活の場を提供することにも、幼稚園は存在価値を有していると言える。

ベネッセ教育総合研究所の調査においても、幼稚園に対する親の期待

として多いのは、芸術的な才能を伸ばしたり、文字や数を教えたり、運動能力を高めたりすることより、「ルールや決まりを守ること」「友だちと仲良くすること」「人の話を聞いたり、自分の気持ちを相手に伝えること」「思いやりや道徳心を育てること」など、社会性に関する項目が上位を占めている。

　家庭においてきょうだいの数が減ってきて、子どもどうしのかかわりが少なくなってきた昨今、集団生活の場としての幼稚園の重要性は、さらに増してきていると言えるであろう。

【参考文献】

小原国芳・荘司雅子監修『フレーベル全集第二巻「人の教育」』玉川大学出版部、1973年

小原国芳・荘司雅子監修『フレーベル全集第三巻「教育論文集」』玉川大学出版部、1977年

倉橋惣三・新庄よしこ『日本幼稚園史』臨川書店、1980年

谷田貝公昭・石橋哲成監修、石橋哲成編著『保育原理』(コンパクト版保育者養成シリーズ) 一藝社、2016年

Dewey, John. "Experience & education" The Macmillan Com. 1969

文部科学省『幼稚園教育要領解説』フレーベル館、2008年

ベネッセ教育総合研究所『第3回子育て生活基本調査(幼児版)』2008年
http://berd.benesse.jp/shotouchutou/research/detail1.php?id=3284（2016.12 検索）

＜幼稚園の一日の流れ、一年間の流れを参考にした園＞

　お茶の水女子大学附属幼稚園
　　http://www.fz.ocha.ac.jp/fy/

　玉川学園幼稚部
　　http://www.tamagawa.jp/academy/kindergarten/

　月かげ幼稚園
　　http://www.tsukikage1611.com

（石橋哲成）

第3章 実習の意義と目的

第1節 実習の意義

1 実習とは？

　幼稚園教諭をはじめとして、医師、看護師、保育士など免許や資格を生かして働く仕事は多くある。それらの免許や資格を取得するために学校等で学ぶ場合、その教育課程には「実習」が必修科目、すなわち必ず履修しなければならない科目として位置づけられている。

　なぜ実習が必要なのであろう？　そもそも実習とはなんであろうか？そして、実習では何を学べばよいのだろうか？

　実習を有意義なものするためには、以上のようなことをしっかりと理解する必要がある。

　「実習」と聞いてみなさんはどのようなイメージを持つであろうか。教職課程に履修が位置づけられている教科目のほとんどが学校内で行われるのに対し、「実習」は、実際の現場で行われる。それが、いちばん大きな特徴であろう。「子どもたちとかかわることができる」「先生方から直接ご指導を受けることができる」と、実習にでかけるのをドキドキ、ワクワクしながら待っているのではないだろうか。

　と同時に、実習に対して不安を感じている人も多いかもしれない。「子どもたちとうまくかかわれるだろうか」「指導案が書けるだろうか」「ピアノが苦手だけど……」など不安の内容は人さまざまである。しかし、実習を経験することにより、「保育者になりたい」という気持ちが、より

高まることも報告されている。「幼稚園教諭になる」という目標にとって実習は、一つのターニングポイントとなる。限られた回数の実習を有効に活用し、自己をステップアップさせる機会としてとらえてほしい。

2 実習の概要

(1) 幼稚園教諭免許取得のための単位数

幼稚園教諭の免許を取得するには、「教育職員免許法施行規則」第6条第1項に示されている教職に関する科目について所定の単位数を取得しなければならない（**図表 3-1** 参照）。

図表3-1　幼稚園教諭免許取得のための単位数

教職に関する科目	幼稚園教諭		
	専修免許状	一種免許状	二種免許状
教職の意義等に関する科目	2単位	2単位	2単位
教育の基礎理論に関する科目	6単位	6単位	4単位
教育課程、及び指導法に関する科目	18単位	18単位	12単位
生徒指導、教育相談、及び進路指導等に関する科目	2単位	2単位	2単位
教育実習	5単位	5単位	5単位
教職実践演習	2単位	2単位	2単位

出典：「教育職員免許法施行規則」を基に筆者作成

その中で教育実習は5単位とされている。その5単位の内訳については、「教育実習の単位数には、教育実習に係る事前及び事後の指導（授与を受けようとする普通免許状に係る学校以外の学校、専修学校、社会教育に関する施設、社会福祉施設、児童自立支援施設及びボランティア団体における教育実習に準ずる経験を含むことができる）の一単位を含むものとする（第七条第一項、第十条及び第十条の四の表の場合においても同様とする）」と示されている。すなわち現場での実習4単位と事前・事後指導1単位が必要とされる。実習は現場に行っている時だけではなく、実習に行くまでの事前指導と、実習が終わってからの事後指導が含まれており、

　　　事前指導－実習－事後指導

で一つのまとまりなのである。

(2) 事前及び事後指導

通常、事前指導は学校で行われる事前学習と実習園との打ち合わせである事前オリエンテーション（学校によって名称は異なる）がある。

実習で困らないためにも幼稚園について、子どもについて、保育技術、記録の書き方、指導案の立て方、心構えやマナー等しっかりと学習することが大切である（本章の後、それぞれの章参照のこと）。

また、実習が終わればそれで学習が終わるのではなく、実習において見つかった自分の課題を明確にし、その課題を克服するために、より学習を深めていくことが求められる。学校での学びと実習での学びは独立したものではなく、連続したものなのである（図表3-2）。

図表3-2　実習の学びと学校の学び

```
┌─────────┐   子ども・園・教職理解等   ┌─────────┐
│  学 校  │ ──────────────→ │ 幼稚園  │
│ 事前学習│                              │  実 習  │
│ 事後学習│ ←────────────── │         │
└─────────┘   振り返り・自己課題の明確化 └─────────┘
```

出典：筆者作成

(3) 実習の時期と方法

教育実習は最終学年で実施することが推奨されているが、さまざまな事情から、どの時期で実習を行うかは学校によって異なっている。また、その期間は4週間のことが多いが、続けて4週間実施する「一括実習」、1週間－3週間、2週間－2週間の分割で実施される「分割実習」など期間も学校によって異なり、その学校の教職課程に対する考え方や特徴が反映されている。

3　実習の意義

教職課程に実習が位置づけられているのはなぜだろうか？　実習の意義について考えてみよう。

(1) 学習した知識・技術の実践の場

今、みなさんは学校で幼稚園教諭になるためにさまざまな科目を履修していることであろう（例えば、ピアノを弾き、歌い、あるいは手あそび、絵本の読み聞かせなどの保育技術や、子どもの発達段階、子どもへのかかわり方、保育者及び保育ついての知識など）。実習は、それら学校で学んだことを実践する場なのである。

(2) 実践から学ぶ

(1)で述べたように、実習は学校で学んだことを実践する場である。手あそびでも、授業で学生の前でするのと、実際に子どもたちの前でするのとではまったく異なることを体感するであろう。

また、けんかの対処法を学んできたからと実習で実践しても、うまくけんかを仲裁できないこともある。「3歳児の発達段階」を学んだとしても、実際に子どもとかかわってみると、発達というものは一律でなく、個人差があることに気づくであろう。

実習で出会う子どもたちは「命」を持った固有の存在なのであり、そこでの「営み」は常に同じということは、決してない。こうした生身の子どもたちや先生方とともに過ごすことで現場でしか学べないことを経験できるのも実習の醍醐味である。

(3) 社会人力をつける

「実習生」という立場は、学生でありながら社会人としての経験もできるというありがたい機会である。「社会人力」として求められる能力とは何かを学び、社会人となる前に身につけられるようにしよう。

(4) 自己の「保育者」像を確立する

みなさんは、どのような幼稚園教諭になりたいと思っているだろうか。「子どもに信頼される先生」「保護者にも信頼される先生」「子ども一人ひとりを大切にできる先生」などいろいろな思いを持っていることであろう。まだあいまいなイメージを、多くの保育者に出会い、学ぶなかで自分の理想とする幼稚園教諭のイメージを具体化していくのである。

(5) 自己の課題を明確にする

　自分の持っている知識や技術を最大限生かして実習したとしても、自分の未熟な点が多く見つかるであろう。それは、現場に身をおいて初めて気づくことである。幼稚園教諭となるまでに見つかった課題に対してよりいっそう学習を深めることが求められる。

第2節　実習の目的

1　教育実習の目的

　第1節では、実習とはどのようなものか、なぜ、カリキュラムに位置づけられているのか、その意義について考えた。ここでは実習の目的について考えることにする。
　教育実習の目的は、幼稚園教諭に必要な専門的知識や技術を実際の現場で体得することである。実習を経験することで保育、子ども、教諭の仕事に対する理解を深め、学習した知識や技術を実践することで自己の課題を明確にし、課題解決のために努力することなのである。

2　目的を達成するための3つの視点

　教育実習の目的を達成するために、3つの視点に着目して学習を進めることが、学びを深めるために有効である。

(1) 園から学ぶ

　学校教育法に示されている学校としての幼稚園、その目的、機能、役割など、関係法規については事前学習として知っておくべきである。それを踏まえて実習先の幼稚園についての学習が必要となる。保育目標、人的、物的および自然環境、1日の流れなど、最近ではホームページを開設している幼稚園も多いので目を通しておこう。

実習では、保育目標を達成するためにどのような保育が展開されているか、子どもたちの心身の発達を促すためにどのような環境構成をしているか、行事の位置づけや取組などを実際に観て学ぶことができる。
　実際の記録からみてみよう。

> 〔実習生の記録　その1〕
> 　月や季節ごとに壁面飾りを張り替え、子どもたちが目で季節感を味わえるようになっていました。また、日曜参観での活動に向け、子どもたちの関心、やる気を促すよう、歌の練習や活動の準備を子どもたちといっしょに取り組んでいました。

　この学生の記録〔その1〕からは、壁面構成の意義や園行事への取組の姿勢などを学んでいることが分かる。
　この記録は、実習のまとめとして書かれたものであるが、子どもたちの関心や、やる気を高めるためにどのように取り組まれているかは、日々の記録に詳しく記録しておこう。

(2) 子どもから学ぶ

　2つめの視点は、子ども理解である。年齢ごとの発達段階や子どもの興味関心などについては、事前学習としてさまざまな教科目で学んでいることであろう。
　しかし、実習では抽象的な「○歳の子ども」ではなく、「命」を持った固有の存在としての「△△ちゃん」や「◇◇ちゃん」が、みなさんの前に現れるのである。
　目に見える身体的な特徴（例えば、身長の高低や体重の軽重など）や、運動能力（うんていができる、さかあがりができる）だけでなく、一人ひとりを大切にして、心を寄り添わせながらかかわりを持つことで、目には見えない子どもの心や思いを理解することができるのである。
　次に、実習が1週間終わった頃の記録〔その2〕を紹介する。

〔実習生の記録　その2〕
　1週間過ごす中で、この子はどんな性格で、何が好きかなどの特徴を少しずつ知ることができました。
　その中でAくんは、歌を歌う時間に外を見ていたり、話しかけても反応があまりなく少しマイペースなところがあるのかなと感じていました。
　今日、降園後、Aくんが虫かごを持って日陰にいたため話しかけると、「いま、だんごむしをやすませてるの、あついとしんじゃうから」「ありは、いつもむれでいるからありがいちばんつよいんだよ」など、たくさんお話してくれました。好きなものの話を楽しそうに話してくれる姿に、先入観でその子の発達段階を決めつけていたことを反省しました。

　一人の子どもにはさまざまな姿があり、一面だけを見て決めつけることや、先入観を持って接することが、いかに子どもを理解していくうえで危険なことであるかを、実体験として学びとっている。このように一人の子どものさまざまな姿を見ることができるのも、実習ならではの学びである。

(3) 先生から学ぶ

　3つめの視点は、保育者に関する学びである。子どもへの言葉掛け、援助などかかわり方、保育計画の立て方、保育の進め方、保育時間以外の業務など「先生から学ぶこと」も実習における大切な学びである。

〔実習生の記録　その3〕
　先生方は個別的な対応を大事にされていました。一人ひとりの性格や発達段階に合わせ、声掛けや支援を変えているようにみえました。
　多動性の傾向がある子には、トラブルが起こると近くまで行き、端的な言葉で何がいけないのか、どうするべきなのかを伝え、寡黙気味(かもくぎみ)な子には、その子が好きなものと関連した話をしながら、やさしい口調でかかわってみえました。子どもたちが楽しく、安全に過ごせるよう配慮するだけでなく、大勢いる中で子どもの良さ、治していきたいところを見つけ、この子にはこれができるようになってほしいと一人ひとりに成長の願いを持って、試行錯誤(さくご)しながら、かかわっていらっしゃいました。

この〔その３〕は、実習のまとめとして「先生から学ぶ」という欄に書かれていたものである。
　この実習では「子ども一人ひとりの発達に合わせた援助を学ぶ」ことが実習の具体的内容として挙げられており、その視点からの記述である。多動性の傾向がある子、寡黙気味な子など、さまざまな個性を持つ子どもたちへのかかわりを間近にみることにより、「一人ひとりにあわせた援助」が実感として理解できるのである。
　保育は連続である。そして一日といえども、多くの出来事が起こっている。ボーっと見ているだけでは、何も得ることができないまま一日が終わってしまう。流しそうめんのように目の前を通り過ぎていってしまうのである。何をすくい取るべきか、保育者はその感性を磨かなければならない。そのためにも視点を決めることが大切である。

3　実習の学びの方法

　実習の目的を達成するために、園から学ぶ、子どもから学ぶ、先生から学ぶという３つの視点を持つことについて述べたが、次にどのような方法で実習を行うのか考えてみよう。

（1）観て学ぶ

　先生や子どもを観察することで学ぶ方法である。保育に携わらずに観察する方法と、子どもとかかわりながら観察する方法とがある。

（2）参加しながら学ぶ

　保育に補助的な立場で参加しながら学ぶ方法である。絵本の読み聞かせ、手あそび、ピアノの伴奏など保育技術を実践することもその一つである。また、保育や教材準備などの手伝いなどがある。指示待ちではなく、自分から積極的に参加することが求められる。

（3）保育者の立場で学ぶ

　指導案を立案し、指導案をもとに保育を実践するという保育者の立場で実習を行う方法である。実践終了後は振り返りを行うことが大切である。
　以上、３つの方法は実習の段階ということもできる。

すなわち、

  観て学ぶ ── 観察実習
  参加しながら学ぶ ── 参加実習
  保育者の立場で学ぶ ── 責任実習

であり、段階が進むごとに実習は深化するのである。
 それぞれについては、後の章で詳しく学習するが、学校によって名称や定義が異なる場合があるので自分の学校について確認しておこう。

【引用・参考文献】
 小川博久『保育者養成論』萌文書林、2013年
 杉山喜美恵「保育職に対する就業意欲の推移──教育実習の経験に着目して」『東海学院大学短期大学部紀要第42号』、2016年
 文部科学省「教育職員免許法及び教育職員免許法施行規則」
  http://www.mext.go.jp/a_menu/koutou/kyoin/1268593.htm
  2016年10月最終閲覧

（杉山喜美恵）

第4章 子どもの理解

第1節 発達の原理

　教育実習の大きな目的のひとつは、幼稚園で子どもたちとともに生活をする中で、子どもに対する理解を深め、子ども一人ひとりに応じた適切な援助方法を体験的に学ぶことである。

　この目的を達成するため、実習という限られた期間で多くの学びを得るには、援助の対象となる子どもの実態を把握することが欠かせない。いわゆる子ども理解である。

　この章では、実習に臨むうえで不可欠な、子どもを理解するための視点として、発達の原理を解説したうえで、社会性、遊びを中心に乳幼児期の発達の諸側面について紹介する。

1 発達とは

　発達という言葉を聞くと、どのようなイメージを思い浮かべるだろうか。一般的には、発達について「何かができるようになる」といった上昇のイメージを持つ人が多い。確かに、それは発達の一つの側面であるが、発達はもう少し幅の広い概念である。

　心理学では、「受精の瞬間から死に至るまでの人間の心身の変化の過程」を発達と呼んでいる。人間は一生涯をとおして、身体的な成長のほか、知的能力、言語能力、運動能力、人格や社会性などさまざまな側面において変化していく。その変化には、体重が増加するといった量的変化もあれば、言葉を話せるようになるといった質的な変化もある。

また、身体が大きくなり、さまざまなことができるようになるといった上昇的な変化だけでなく、今までできていたことができなくなる、時間がかかるようになるといった下降的な変化も含まれる。

近年では「生涯発達」という立場が重視され、人生全体という視点から発達が検討されている。しかしながら、人の一生において質的にも量的にも最も大きな発達的変化を示すのは乳幼児期である。

2 発達の原理

生涯発達という発達観が示すように、私たち人間は人生のはじまりから終わりまで、さまざまな発達を遂げていく。

一人ひとりの発達的な変化にはそれぞれ違いがあるが、全体としてみるとその変化の過程にはいくつかの共通点があり、これを発達の原理と呼んでいる。

主なものとして、以下のようなものが挙げられる。いずれも子どもを理解するうえで非常に有効だと考えられる。

(1) 発達の順序性

発達には、一定の順序があり、その順序が逆になることは基本的にはない。例えば、発語の発達は、喃語、一語文、多語文という順序で現れることからもみてとれる。発達の順序性を理解することは、発達障害の早期発見に役立つことがある。発達障害を持つ子どもの場合、一般的な順序性と異なる場合があるからだ。

(2) 発達の方向性

発達には一定の方向性があり、腕を自力で動かせるようになってから、手首、そして指のコントロールが可能になる。このように身体の中心部から末端部へと進む発達の方向性（中心部－周辺部勾配）がある。また、首がすわり、そこから座位保持、ハイハイ、つかまり立ちを経て歩くなど、頭部から尾部、脚部へと向かって発達が進行する方向性（頭部－尾部勾配）もある。

(3) 発達の異速性

発達の速さは常に同じではなく、時期や領域によって発達の速さが異なる。例えば、身長は生後1年で急速に伸び、その後いったん緩やかになり、青年期に再び急激に伸びる。また、言葉は1歳前後に話しはじめるが、その後停滞期を迎え、2歳頃に爆発的に語彙数が増える。

(4) 発達の個人差

発達は遺伝と環境の相互作用の結果なので、全ての人が同じ速さで発達し、同時期に同じレベルに到達することはない。

つまり、発達には、個人差がある。個人差には2つの種類があり、1つは個人間差、もう1つは個人内差である。個人間差は、同じ月齢の子どもであっても、言葉づかいや運動能力が異なることから分かるように、他者との比較により明らかになる違いを指す。一方、個人内差は、個人の中の得意・不得意のばらつきを指す。例えば、語学力が高く英会話は非常に得意だが、友だちの気持ちを察するのが難しく、良好な対人関係を築くことが不得意、といったばらつきがみられることがある。

3 発達課題

一般に、発達は連続的な変化と考えられるが、ある時期において、比較的大きな変化が観察されることがある。このように、発達が進行するなかで確認できる顕著な特徴を基準にして、区分された段階を発達段階と呼ぶ。代表的な発達段階区分として、胎児期、乳幼児期、児童期、青年期、成人期、老年期といったものがある。

発達の各段階には、個人が健全な発達を遂げるために達成されることが期待される課題がある。これを発達課題という。ある時期の発達課題を達成していない場合、次からの段階で不都合が生じると考えられている。ハヴィガースト（R. J. Havighurst, 1900〜1991）は、身体的成熟や技能に関する領域、社会や文化で規定される領域、個人の価値や選択に関する領域に分けて、発達課題を設定している。例えば、乳幼児期では、

図表4-1　ハヴィガーストの発達課題の例　乳幼児期・児童期

乳幼児期の発達課題	児童期の発達課題
・歩行を学ぶ ・固形の食べ物をとる ・話すことを学ぶ ・大小便の排泄習慣のコントロールを学ぶ ・性の違いと性に結びついた慎みを学ぶ ・両親、きょうだいや他者と、情緒的に結びつくことを学ぶ	・ボール遊び、水泳などに必要な身体的技能を学ぶ ・同年齢の友達と仲良くする ・読み・書き・計算の基本的技能を学ぶ ・良心、道徳心、価値観を発達させる ・自立的な人間性を達成する

出典：［ハヴィガースト、1995］を基に作成

図表4-1に示すように幅広い発達課題が挙げられている。

　こうした発達課題を達成することによって、乳幼児期から児童期へのスムーズな移行が可能となる。人生のそれぞれの時期において発達課題があるが、自らの力だけでは課題に立ち向かうことができない乳幼児に対して、保育者は発達課題を達成していくための支援を行う役割を担っている。実際、発達を支援するためには、子どもたちの発達過程をよく理解し、発達段階に合わせた支援を行う必要がある。

第2節　社会性の発達

1　自己主張と自己抑制

　子どもは、友だち関係や遊びの中で、他者との上手なつきあい方を身につけていく。社会性とは、人との関係をつくったり維持したりできることを意味している。

　幼稚園は子どもにとって、初めて本格的に社会性を育む場となる。園での生活や遊びの中で子ども同士が積極的にかかわり、その過程で喜怒哀楽などを経験しながら、子どもの社会性は発達していく。友だちとの良好な関係を築き、維持するためには、自分の意見を主張するばかりで

はなく、ときには自分の欲求を抑えることも必要になる。つまり、自分を他者との間でコントロールすることが求められる。

こうした自己のコントロール（自己制御）には、大きく2つの種類がある。1つは、自分の欲しいおもちゃを「欲しい」としっかり言えるなど、自分の意見や欲求を他者に伝える自己主張である。もう1つは、ブランコの順番を守るなど、自分にとっては不快なことでも、他者のため我慢したり待ったりする自己抑制である。

保育者や他の子どもに対する自己主張や自己抑制が、幼稚園においてどのくらい生じているのかについての年齢別の研究がある（柏木、1988）。それによると、自己主張は3歳から4歳にかけて急速に発達した後に停滞を示すが、自己抑制は3歳から6歳にかけて緩やかに発達する傾向がみられた。

このように、子どもは自分の行動をコントロール（自己制御）することによって、周囲の人にどのように接したらよいかという対人関係のルールを学んでいくのである。

2 友だち関係におけるいざこざ

幼児期は親と過ごす時間が徐々に減少し、かわりに同年齢の友だちと過ごす時間が徐々に増加していく。つまり、同年齢の他児との関係が広がり、また深まっていく時期である。その一方で、自己制御機能が発達途上である幼児期の友だちとの生活は、いざこざやけんかを抜きにして語ることはできない。

いざこざとは、ある子どもが他の子どもに対して、不当な行動あるいは不満・拒絶・否定などを示すような行動（発話・動作・表情）を行った場合と定義されている。いざこざは、たたく、けるなどの否定的な行動をともなうことが多い。そのため、困ったこととして捉えられることが多いが、子どもたちは、友だちとのいざこざをとおして多くのことを学ぶのである。

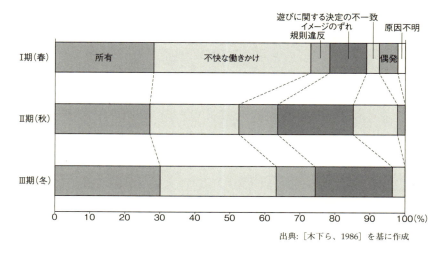

図表4-2 3歳児におけるいざこざの原因

出典：[木下ら、1986］を基に作成

　いざこざの原因として最も多いのは、物・場所の取り合いであり、月齢が上がってもその割合は大きく変化しない（木下・斎藤・朝生、1986）。非難や拒絶といった不快な働きかけを原因とするいざこざは、月齢が上がると減少していくが、その一方で、イメージのずれや規則違反などお互いが考えていることについての不一致を原因とするいざこざは、増加する傾向がみられる（**図表4-2**）。

　こうしたいざこざは、子どもの発達に悪影響を与えるものではなく、むしろ、子どもの社会性の発達を促す重要な機会だと考えられる。いざこざをとおして、子どもは他者の意図や情緒、性格特性を理解するとともに、社会的規則を学んでいく。さらに、友だちとの交渉に必要なコミュニケーション能力や自己制御力を高めていく。つまり、子どもは自分や相手を理解し、他者とのかかわり方を学んでいくのである。

　子どものいざこざやけんかに出会うと、大人はつい止めに入り、解決しようと試みるが、危険がない限り見守り、子どもどうしで解決できるよう支援することが大切である。

第3節　遊び

1　子どもにとっての遊びとは

　保育は、子どもの主体的な活動である「遊び」をとおして行うことを基本としている。幼稚園教育要領にも子どもの遊びをとおした発達や保育内容についての記述が、多くみられる。
　子どもの遊びは、じつに多種多様であるが、そこに共通してみられる特徴を取り出してみると、以下の4つにまとめることができる。
　1つめの特徴は、遊ぶという活動自体が目的であるという、内発性の側面である。つまり、遊びたいから遊ぶのである。
　2つめの特徴は、自由で自発的になされる活動であるという、自発性の側面である。親や先生からやらされる活動は遊びとはいえないだろう。
　3つめの特徴は、楽しさや喜びをともなう活動であるという、娯楽性の側面である。遊びは何よりも面白くなければならない。
　4つめの特徴は、現実世界から切り離された活動であるという、虚構性の側面である。例えば、ごっこ遊びは、現実とは異なる世界を創り出し楽しんでいるのである（以上、桜井、2006）。
　このように、子どもにとっての遊びとは、自発的になされる活動で、その活動をすることで、喜びや楽しみといった快感情がともなうものであり、ときとして「虚構」の世界で行われる活動であるといえる。

2　遊びの発達

　子どもの遊びは、幼児期においてどのように変化していくのだろうか。子どもどうしの遊びの発達的変化を調べたパーテン（M. B. Parten, 1902〜1970）によると、遊びは6つに分類することができる。
　すなわち、

「何にも専念していない行動」→

「傍観者的遊び」→

「一人遊び」→

「並行遊び」→

「連合遊び」→

「協同遊び」

の順に発達するという（**図表4-3**）。

　つまり、幼児期の遊びは、単独での遊びから、双方向のやりとりを含む遊びへと変化していくのである。

　遊びの発達的変化は、社会性の発達と相互に関連しており、遊びの発達にともなって社会性が発達していき、また、社会性が発達する中で遊びが広がっていく。つまり、遊びは、幼児期の子どもの社会性の発達にかかわる重要な活動だといえる。

図表4-3　パーテンによる幼児の遊びの分類

遊び	内容
何にも専念していない行動	一人で体を動かしたり、何かをぼうっと見ているような行動を指す。
傍観者的遊び	他の子どもの遊びを眺めているが、その遊びに積極的に参加することはしない。2歳半から3歳に多くみられる。
一人遊び	他の子どもがが話せる距離にいるが、一緒に遊ぼうとはせず、一人で遊んでいる。2歳半ごろから多くみられる。
並行遊び	他の子どもがそばで同じ遊びをしていても、それぞれの子どもが自分の遊びに夢中で、お互いの交流がない。
連合遊び	他の子どもと一緒に遊び、会話や遊具の貸し借りもあるが、遊びの中での役割分担や共通のルールはまだみられない。
協同遊び	何らかの目的の下に集団がつくられ、集団の中での役割分担やルールがみられる組織的な遊びを指す。

出典：［Parten、1932、北尾ら、1997］を基に作成

さらに、子どもは遊びをとおして社会性だけではなく、運動能力、知的能力、道徳性、創造性、情緒など、幼児期に必要なほとんどの要素を自然に身につけていく。例えば、同年齢集団の中で自分が果たすべき役割や責任を自覚し、社会的ルールを守る態度を理解できるようになる。
　友だちと鬼ごっこをして必死に走ったり、縄跳びをしたりすることで、足・腕・手を使い運動能力を発達させることができる。積み木で家をつくることでイメージをふくらませたり、自由遊びで自分を表現することで欲求不満を解消し、自己充実感を味わうこともできる。
　このように遊びは、子どもの多面的な能力を総合的に発達させる素晴らしい力を持っており、子どもの発達に大きな影響を及ぼしている。
　以上みてきたように、幼稚園で出会う乳幼児期の子どもたちの発達の諸側面について、実習前までに確認し理解しておく必要がある。子どもの発達に関する知識を持っていなければ、実習の現場で子どもたちとかかわる際、「どのような援助がどの程度必要なのか」という判断が難しくなることがあるからだ。
　もちろん、子どもたちの発達の様相は一様ではないが、子どもの発達についての知識を持っておくことで、一人ひとりの子どもの個性や特徴を理解することが可能になり、必要に応じた適切な援助ができるようになる。
　また、発達は遺伝と環境の相互作用ということを述べたが、子どもはさまざまな環境との相互作用により発達していく。つまり、子どもの周囲の環境要因（両親、友だち、保育者、家庭、園など）が子どもの発達理解の視点に大きくかかわってくる。
　子どもを理解しようとするとき、発達を一面的にみるのではなく、発達の他の諸側面、生活の様子や状況、さらには子どもの内面なども考慮して、子どもを総合的かつ全体的に理解しようとする視点を忘れてはならない。

【参考文献】

柏木恵子『幼児期における「自己」の発達 —— 行動の自己制御機能を中心に』 東京大学出版会、1988年

菊池武剋 監修・沼山博 編『トピックス子どもとかかわる人のための心理学』中央法規、2000年

木下 芳子・斎藤こずゑ・朝生あけみ「幼児期の仲間同士の相互交渉と社会的能力の発達 —— 3歳児におけるいざこざの発生と解決」埼玉大学紀要（教育学部）教育科学、35（1）、1986年、pp.1-15

桜井茂男編『はじめて学ぶ乳幼児の心理 —— こころの育ちと発達の支援』有斐閣ブックス、2006年

北尾倫彦・中島実・井上毅・石王敦子『グラフィック心理学』サイエンス社、1997年

ハヴィガースト，R. J. 著、荘司雅子監訳『人間の発達課題と教育』玉川大学出版部、1995年

Parten, M. B. "Social participation among preschool children" Journal of Abnormal and Social Psychology, 27, 1932, pp.243-269

（春原淑雄）

第5章 さまざまな理念の幼稚園

第1節 幼稚園の理念とは

1 幼稚園教育が目指すもの

　幼稚園教育の基本は、小学校以降の生活や学習の基盤の育成であり、幼児期の特性を踏まえ環境をとおして行われるものであることは、本書の中ですでに述べたとおりである。
　幼稚園では、幼稚園教育要領に示されたことがらを基にして、幼児期にふさわしい教育の展開を目指す幼稚園教育の在り方を理解しながら、それぞれの園や地域の実態に即した教育を行うことにより、子どもの自我の形成を促し、社会性を養うことをその役割としている。

2 幼稚園教育の現状

　2015年度より「子ども・子育て支援新制度」が実施され、幼稚園・保育所・認定こども園などを通じて、全ての子どもが健やかに成長するよう質の高い幼児教育を提供することが一層求められてきている。
　我が国においては、幼稚園の設置主体と在園児数で見てみると、私立幼稚園の数が、国公立幼稚園の数を大きく上回っている（**図表5-1**参照）。独自の教育理念を掲げる私立幼稚園が、我が国の幼稚園教育を担っているといっても過言ではない。

図表5-1　幼稚園の設置主体と在園児数

区分	合計	国立	公立	私立
幼稚園数	13,170	49 (0.4%)	4,924 (37.4%)	8,197 (62.2%)
在園児数	1,604,225	5,930 (0.4%)	283,327 (17.7%)	1,314,968 (82.0%)

注：四捨五入の関係上、合計が100％にならない場合がある。
出典：［文部科学省、2012］を基に作成

第2節　特色ある保育理念を持つ幼稚園

1　社会の変容とともに

　近年、我が国の社会においては、物質的な豊かさとともに国際化、情報化が進む一方で、価値観の多様化の中でさまざまな問題点も生じてきている。超少子高齢化が進み、家族形態は核家族化しており、子どもを取り巻く状況も大きく変化している。

　戦後から高度経済成長期を経て、日本各地に多くの幼稚園が設置されるようになって約50年が経過し、幼稚園教育が担う役割も少しずつ変わってきたが、子どもたちを大切に見守り、育てていくという保育の根幹は変わらない。その一方で、一人ひとりの子どもの豊かな人間性を育み、個性を伸ばすという観点から、特色ある保育理念を掲げる幼稚園は少なくない。

(1) 食育

　日本人の食生活の乱れなど「食」をめぐる状況の変化という社会的背景を考え、一刻も早い食育の普及が必要であると判断されたことから、2005年に食育基本法が策定された。前文には、以下のようにうたわれている。

> 21世紀における我が国の発展のためには、子どもたちが健全な心と身体を培い、未来や国際社会に向かって羽ばたくことができるようにするとともに、すべての国民が心身の健康を確保し、生涯にわたって生き生きと暮らすことができるようにすることが大切である。子どもたちが豊かな人間性をはぐくみ、生きる力を身に付けていくためには、何よりも「食」が重要である。

このことを踏まえ、食に関する体験活動を、食育推進運動の実践に取り入れる幼稚園は、徐々に増えてきている。トマトやキュウリなど身近な野菜の栽培のほか、田植えから稲刈りまでを継続して取り組む活動を行っている園などもある。

(2) 外国語教育

　2002年より、公立小学校の学習課程に外国語活動が取り入れられることとなった。外国語をとおして言語や文化

田植えから稲刈りまでの活動に取り組む

について体験的に理解を深めながら外国語の音声や表現に親しみ、コミュニケーション能力の素地を養うことを目的とし、小学5年生から総合的な学習の時間を利用して取り組んでいる。

　幼稚園においても、教育時間内に英語などの外国語に触れる機会を設ける園は、1980年代頃から存在している。ベネッセ教育総合研究所が2012年に実施した「第2回幼児教育・保育についての基本調査」報告書によると、通常保育時間内に一斉に行う活動として英語教育を取り入れている私立幼稚園の割合は、2007年に47.6％であったのに対し、2012年は58％と半数を超えることが明らかになった。そのような幼稚園の多くは、英語（外国語）に親しみ、外国人とのふれあいを楽しむことを目的とし、ネイティブの講師による言葉あそびや歌、ゲーム、ダンスなどの体験活動を行っている。

　少子高齢化による国内人口の減少が進む状況の中で、今後、国際化社会で異なる文化を持つ人々とかかわる機会が増えていくことが予想される。幼児期から外国語に親しみ、コミュニケーションを図る力を育成していくことは、時代の要請ともいえる。ただし、早期教育に偏ることなく、子どもが無理なく総合的に活動できるようにすることが肝要であろう。

(3) 自然環境を活用した教育

都市部や地方など、幼稚園が設置されている地域環境はさまざまである。幼稚園教育要領の領域「環境」において、自然とのかかわり・生命尊重などが示されていることから、園内外の環境では、自然に触れてその変化を感じ取ったり感動したりする体験をとおして身近な事象への関心を高め、好奇心や探究心、思いやりの気持ちを育むことを教育方針の一つとし、園内にビオトープ（地域に生息する動植物が恒常的に生活できるように造成、または復元された小規模な生息空間。生態系を考慮してつくられた庭などのこと）を設けたり、もともとの環境を利用して、園庭に木々で覆われた一角を設けたりしている幼稚園などがある。

また、身近な動植物に親しみを持って接しながら、命あるものとしていたわり大切にする気持ちを育むために、動物の飼育や植物の栽培などを積極的に教育内容に取り入れている幼稚園もある。

動物に親しみといたわりを

2 創立者の理念

国公立幼稚園では、設置者である国や自治体の管理の下、幼稚園教育要領に示された教育内容に基づいた教育課程を編成し、日々の保育を進めている。私立幼稚園では、それぞれの幼稚園が創立者の教育理念や教育方針を基にしながら、幼稚園教育要領に示されたねらいを達成するために特色ある教育目標を定め、その環境や教育内容に創意工夫を凝らし、日々の保育を行っている。

(1) 統合保育

心身に障害を持つ子どもと持たない子どもを、同じ場所で一緒に保育

することを「統合保育」と言う。我が国においては、障害のある人もない人も、互いに支え合い、地域で生き生きと明るく豊かに暮らしていける社会を目指す「ノーマライゼーション」の考え方の影響を受けて1970年代頃より実践されている。

　幼児期より障害を持つ子どもと、持たない子どもが共に生活することにより、さまざまな子どもとかかわり合う経験を重ねながら障害について理解し、違いを認め、障害を個性として捉え成長していくことを教育の目的としている。統合保育を実践している幼稚園においては、支援が必要な子どもに応じた人的配置を課題としながら、子どもの人権・障害児の人権を考慮した保育が進められている。

(2) モンテッソーリ教育

　イタリアの女性医学博士モンテッソーリ（M.Montessori, 1870～1952）が自身の著書の中で提唱し、ローマの「子どもの家」で行ったモンテッソーリ・メソッドと呼ばれる科学的教育実践方法は、その成果が国際的に認められ、イタリアをはじめとしたヨーロッパの国々やアメリカでも高い評価を受け、幼稚園や小学校で採用されるようになった。

　モンテッソーリ教育の根幹は、「子どもは本来、活動的・創造的である。教育とは子どもを本来の状態に解放し『生を援助すること』であり、子どもの『敏感期』に合わせて適した環境を与え、その環境をとおして子どもは学んでいく」ということである。子どもの活動に適切な教具として、「モンテッソーリ教具」が位置づけられている。

(3) シュタイナー教育

　ドイツの哲学者・教育思想家シュタイナー（R.Steiner, 1861～1925）の独自の教育観に基づく教育が世界で行われており、我が国においても各地にその名を掲げる幼稚園がある。例えば「リズムと繰り返し」（四季の推移や行事を繰り返し体験）および「模範と模倣」（保育者を手本として模倣）を保育上最も重視しているとされ、自由にイメージがふくらむ遊具（素朴な人形、木切れ、石、貝、種子など）での遊び、創作劇等に熱心な園もある。

第3節 宗教教育

　我が国の保育の歴史において、その創始期には多くの宗教関係団体の献身的な働きがあり、積極的な役割を果たしてきた。その時代や社会の中で子どもが置かれている現実に眼をとめ、布教と共に教育の必要性から幼稚園・保育所の前身となる施設をつくってきたのである。現在では、地域と融合しながら宗教の精神を受け継ぎ、幼児教育の一端を担っている。

1　キリスト教保育

　キリスト教では、人間は神によって創造され、一人ひとりが、かけがえのない存在として神に受け入れられているという人間観を持つ。
　一般社団法人キリスト教保育連盟では、キリスト教保育を、以下のように位置づけている。
　「子ども一人ひとりが神によっていのちを与えられたものとして、イエス・キリストをとおして示される神の愛と恵みのもとで育てられ、今の時を喜びと感謝をもって生き、そのことによって生涯にわたる生き方の基礎を培い、共に生きる社会と世界をつくる自律的な人間として育つために、保育者が、イエス・キリストとの交わりに支えられて共に行う意図的、継続的、反省的な働きである」。
　幼稚園教育においては、子どもたちの身近にイエス・キリストやマリアがあり、日々の礼拝や讃美歌を歌うことをとおして「神に感謝する心」を育んでいる。

保育室の一角に置かれたマリア像

2　仏教保育

　仏教は我が国の歴史と共にあり、広く普及しているが、仏教と一口に言っても、多種多様な宗派があることは周知の事実である。しかし、幼稚園教育においては、根本的な教えは大きく変わらないといわれる。

　公益社団法人日本仏教保育協会によると、同協会は「仏教に基づいた保育の充実を図り、仏教保育を推進するため」、仏教系幼稚園・保育所および養成機関の全国組織として1929年に発足し、「生命尊重の保育の確立と心の教育の推進」を目指した活動を続け現在に至っている。

　仏教保育を行っている幼稚園では、仏様に手を合わせ（合掌）、仏教歌を合唱し、念仏を唱えることにより、目に見えないものの力を子どもたちに伝え、その健やかな成長の一助としている。

3　神社保育

　我が国には古来より、自然の中に神が宿るというアニミズムの思想があり、人々の暮らしの中から生まれた神々への信仰が神道であるといわれる。信仰が形となったものが祭りであり、祭りの場所に建物が建てられ、神社となった。

地域の伝統行事を身近に楽しむ

　全国神社保育団体連合会によると、神社に併設された幼稚園・保育所では、昔から子どもの遊び場として親しまれてきた神社の森である「鎮守の森」をよりどころとした「鎮守の森を保育の庭に」を基本理念に、神話教育や伝統文化に根ざした「こころの教育」の実践と展開に努めている。

神社保育を行っている幼稚園では、神社に参拝に来る近所のお年寄りやお祭りなどの行事でのたくさんの人々との交流をとおして、豊かな心を育てる教育を目指している。

【参考文献】

石垣恵美子監修、島田ミチコ編『幼稚園・保育所・施設　実習ガイドブック　改訂版』学術出版社、2002年

長島和代編著、石丸るみ・亀﨑美沙子・木内英実『保育の基本用語』わかば社、2013年

一般社団法人キリスト教保育連盟 http://www.kihoren.com/　（2016.10検索）

公益社団法人日本仏教保育協会 http://www.buppo.com/　（2016.10検索）

全国神社保育団体連合会 http://www.morinokodomotachi.ne.jp/　（2016.10検索）

ベネッセ教育総合研究所「第2回幼児教育・保育についての基本調査　報告書〔2012年〕」

http://berd.benesse.jp/jisedai/research/detail1.php?id=4053　（2016.10検索）

文部科学省「幼稚園教育の現状」2012年

http://www.mext.go.jp/component/a_menu/education/detail/__icsFiles/afieldfile/2013/03/29/1306683_06.pdf　（2016.10検索）

（西元道子）

第6章 保育者とは

第1節 保育者とは

1 保育者とは何か

　保育学とか教育学とかは、ある意味において「保育者論」「教師論」であったと言ってもよい。それは、保育・教育を論ずるとき、どうしても「保育・教育を行う人」、すなわち「保育者・教師」を論じないわけにはいかないからである。

　一般に保育者といった場合、幼児を保育する専門家を指すことが多い。我が国において幼児を保育する機関は、幼稚園と保育所に二元化されている。前者は「学校教育法」、後者は「児童福祉法」がそれぞれ根拠となる法律になっている。そのため、幼稚園における保育の専門家を「教諭」と呼び、保育所におけるそれを「保育士」という職名で呼んでいる。一般にこの両者を総称して「保育者」と呼ぶのが通例となっている。

　保育者の仕事は、本質的な意味においては、小学校以上の学校の教師と異なるものではない。しかし、対象である被教育者の発達的特質、すなわち未成熟であるということと、それに伴う発達の可能性が大であるということからくる点に特徴がある。そうした点から、保育の必要性について、多くの人々によって主張されてきた。

　「三つ子の魂百まで」と言われているが、幼児期の教育が人間の生涯の基礎をつくるものであるとして、その必要性が強調されてきたのである。したがって、保育の方法や保育内容などでも、小学校以上のそれと

はかなり異なったものがあるのである。そのために、保育者は、幼児期の発達上の諸課題と、それを実現させるための諸条件、そして、その働きかけの方法を認識していなければならない。

　人生初期の乳幼児は、人格形成の基礎的段階であり、周りの環境の影響を非常に受けやすい時期でもある。この時期にどんな経験をするかが、その子の人格を形成するうえで大きな意味を持つのである。その第一番めが、家庭における人間関係である。そしてその次にくるのが、社会環境としての幼稚園であり保育所である。したがって保育者は、子どもにとって家族以外に人生の初期に出会う意味のある大人である。それだけに、人的環境としての保育者の影響は大きなものがある。

　そこで保育者は、保育に関する専門的知識はもちろん、子どもを保育するにふさわしい人間性を兼ね備えていることが必要とされるのである。

2　保育者の役割

　各学校段階における人的環境としての保育者・教育者の重要性は、論をまたない。中でも、大人に全面的に依存する乳幼児期においては、保育者の果たす役割は大である。それだけに、乳幼児と保育者の関係は密接であり、この両者は不可分の関係にあるといえる。

　彼らは、保育者をモデルとして、価値やさまざまな行動を獲得していくのである。例えば、幼稚園ごっこなどをしているところをみていると、先生役になった子は、歩き方、話し方、叱り方、命令の仕方など、驚くほど担任の保育者のそれに似ていることが多い。彼らは保育者の行動様式や表情などを、保育者がまったく意識しないうちに自分のなかに取り込んでいるのである。

　したがって、保育者はつねに、子どもからいつ、どこからでも、何を模倣され、吸収されてもよいような状態にあらねばならない。しかも、子どもは取捨選択の余地なしに、自分のなかに取り込んでいることも忘れてはならない。

このように、幼児のモデルとしての保育者の役割一つをとっても、保育者は極めて重要な存在であるといえよう。
　保育者の役割について、日名子太郎（1922～2001）は、次のような事柄をあげている。これらは次の節でとり上げる保育者に望まれる資質と考えてもよいものである（日名子、1973）。

　　① 保育者は、まず、雰囲気が大切である。
　　② 保育者は、保育哲学を持つべきである。
　　③ 保育者は、教える態度よりも、子どもたちとともに遊び戯れる態度を大切にすべきである。
　　④ ユーモアの感覚のあること。
　　⑤ 保育者は、喜びの人であること。
　　⑥ 保育者は、第一義に生きるべきこと。
　　⑦ 保育は、学ぶべきものではなく、会得すべきものであること。

　そして、これに具体的な保育者の役割を付け加えるとすれば、として次の2点をあげている。

　・個人を見おとさないように努力すること。
　・学級管理の能率化

第2節　保育者の資質

1　保育者の資質

　保育者の資質や適正については、多くの人々によって論じられているが、このことは対象が未成熟な乳幼児であることに起因しているといえよう。そこで、保育者の資質を論じたもので、代表的と思われる西本脩、山下俊郎（1903～1982）、日名子太郎のものを紹介する。

2　西本脩の場合

　西本は、理想的保育者の資質の諸条件を、①外的条件、②内的条件(能力・学識的条件)、③内的条件（人格・性格的条件）④指導(保育態度)的条件、⑤その他の条件に分け、次のような具体的な条項を掲げている（西本、1959）。

①**外的条件**
　a. 健康で正常な身体を持つこと、とくに呼吸器系統の疾患を持たないこと。
　b. 著しい機能障害（色盲、難聴、発音障害等）を持たないこと。
　c. 正常な運動機能を持っていること。
　d. 容姿が端正で、人に好感を与えること。
　e. 言葉づかいが正しくきれいなこと。

②**内的条件（能力・学識的条件）**
　a. 円満な常識を持ち、ものわかりがよいこと。
　b. 自己の専攻した学問に対する深い学識を持つこと。
　c. 社会人として、正しい人生観を持つこと。
　d. 世界、国家、社会の動向を適確に洞察する能力を持つこと。
　e. 多方面における人間的教養に富むこと
　f. 高尚な趣味の豊かなこと。
　g. たえず学問・技術の研究に努力すること。

③**内的条件（人格・性格的条件）**
　a. 教育愛にもえていて、献身的に幼児のために奉仕すること。
　b. 幼児をよく理解し、深い愛情を持っていること。
　c. 明朗快活であって、若々しい精神を持っていること。
　d. 寛容であって、気長に、親切に幼児を指導すること。
　e. 人格的権威を持って、幼児から信頼され、幼児を指導する能力を持っていること。
　f. 冷静沈着であって、感情を神経質に表現しないこと。
　g. 保育の仕事に熱意を持ち、喜びを持って努めること。
　h. 精神的に健康であること。

④**指導（保育態度）的条件**
　a. 保育の目的を正しく理解し、保育者としての誇りを持っていること。
　b. 保育に関する知識について、深く、かつ広い理解をもつこと。
　c. 幼児の生活を十分理解し、これを正しく指導すること。
　d. 幼児の個性を科学的に調査し、診断し、洞察して、個別的に指導すること。

d. 幼児の個性を科学的に調査し、診断し、洞察して、個別的に指導すること。
  e. 教材に精通し、自信を持って保育すること。
  f. 保育の方法に精通し、教育的機知にすぐれていること。
  g. 全ての幼児に公平無私の態度で接すること。
  h. 幼児と共に話し、共に遊び、共に働くことを喜びとすること。
  i. 保育効果を適正に行うこと。
  j. 同僚や両親と協力してことに当たること。
⑤**その他の条件**
  年齢・結婚・家庭についての若干の注文。

3　山下俊郎の場合

　山下俊郎は、保育者を幼児の環境の一つとして考え、次のような条件を掲げている（山下、1956）。

  a. 子どもを愛する人であること。
  b. 高い知性と、その知性に支えられた技術を身につけていること。
  c. 健康な人であること。
  d. 明るい人であること。
  e. 身だしなみのよい、きれいで清潔な感じを与える人であること。
  f. 聡明な人であること。
  g. 勤勉な人であること。
  h. 広い心を持った人であること。
  i. ものわかりのよい人であること。
  j. 使命感を持った人であること。
  k. 保育者どうしの暖かい、なごやかな人間関係をつくる人であること。

4　日名子太郎の場合

　日名子は、4つの側面から保育者像を考える。
　①保育施設における保育者の役割、②新しい保育者像の基本、③保育者としての適性、④保育者の自己成長のポイント、である（小原・日名子、1973）。

まず、①「保育施設における保育者の役割」については、本章第1節の「2　保育者の役割」を参照されたい。
　次に、②「新しい保育者像の基本」については、以下が挙げられている。

　　a. 自ら生きていること。
　　b. いきいきしていること。
　　c. 遊べる保育者であること。
　　d. 愛することのできる保育者であること。

　そして、③「保育者としての適性」では、倉橋惣三（1882～1955）、ペスタロッチ（J. H. Pestalozzi, 1746～1827）、ケルシェンシュタイナー（G. Kershensteiner, 1854～1932）、カーゼルマン（C. Caselmann, 1889～1979）、クレッチマー（E. Kretschmer, 1888～1964）、フレーベル（F.W. Fröbel, 1782～1852）などの保育者適性論を検討している。
　そうした諸説を踏まえたうえで、実際に保育者養成校の学生を調査し、その結果から保育者のタイプの分類を裏付け、とくに我が国の保育者では、循環性気質の多いことを見出している。これは、カーゼルマンの言う「児童志向型－個人＝心理愛好型－同胞型」と「芸術的＝形成的素質と実践的素質」を兼ね備えたようなタイプと言えるという。こうして、結論として、保育者のタイプを、「愛情・感覚型」と、「知的・研究型」の2つに分類している。
　そして、保育者の適性として望ましいのは、「愛情・感覚型」の者は自己満足的なタイプから「感覚・直感的」タイプへ移行するよう努め、「知的・研究型」の者は、フレーベルのいう「母性」的なものの開発に努める必要があるとしている。
　日名子の考える保育者像の最後、④「保育者の自己成長のポイント」として、保育者は、職業人としてどのように向上すべきかについて、以下のような留意点が挙げられている。

a. あなた方は、専門の職業人としての保育者であることを、つねに自覚しているだろうか。
b. 日常の生活の中で、たえず「教材」の研究に意を用いているだろうか。
c. あなた方は、保育する「子どもの心」をつかんでいるだろうか。
d. 自らつくった保育計画に、自分自身がしばられて動けなくなっていないだろうか。
e. 保育には臨機応変が大切である。あなたは、いつでも臨機応変の処置がとれているだろうか。
f. 保育に際して、場の雰囲気をどのようにしてもり上げているだろうか。
g. 集団における自由と規律を、どのように理解しているだろうか。
h. 子どもの行動、態度の変化に目を向けているだろうか。

以上、8項目をあげ、職業的保育者の自己開発、向上の方法について具体的指針としている。

なんともりだくさんな要望の多いことかと、言わざるをえない。ここに挙げられていることを、全て満たしている保育者がいるだろうか。

もし、満たさなければ保育者になれないものだとしたら、多くの保育者はもちろん、保育者志望者は失望するに違いない。ここに挙げられているものは、保育者のあるべき姿、あるいは理想の保育者としての努力目標と考えてよい。少しでも近づく努力が望まれる。

第3節 保育者に関するいくつかの問題

1 保育者の専門性

ここでは、しばしば問題になる保育者の専門性について考えてみよう。

保育者が、専門職であると言われ出したのは、一般的には、1966年に国際連合の2つの専門機関であるＩＬＯ（International Labour Organization／国際労働機関）と、ユネスコ（UNESCO／国連教育科学文化機関）が、教

職員の社会的・経済的地位の低下という現象に対処すべく行った、「教員の地位に関する勧告」が出されてからである。以後、さかんに保育者の専門職化の議論がなされてきている。

この勧告によれば、専門職性について、次のように述べられている。

> 教育の仕事は専門職と見なすべきである。この職業は厳しい、継続的な研究を経て獲得され、維持される専門的知識および特別な技術を教員に要求する公共的業務の一種である。また、責任をもたされた生徒の教育および福祉に対して、個人的および共同の責任感を要求するものである。
>
> 出典：「教員の地位に関する勧告（抄）〈3.指導的諸原則　6〉」より（文部科学省ホームページ）

よく問題にされることは「専門職とは何か」ということである。新堀通也(1921〜2014)は「専門職の基準」として次の6点をあげている(新堀、1975)。
　① 仕事の自立性
　② 高度な教育
　③ 広い視野
　④ 団結
　⑤ 非代置性
　⑥ 高い威信と公的責任

この基準からみたとき、現代の保育者が、医師や弁護士などといった他の専門職と同様に「専門職である」とみるのは、無理があると言えよう。これは、小・中・高校の教師についても言えることである。

保育者の専門性を高めるためには、いくつもの要因が考えられる。まず、保育者の職業観の確立である。次に、保育の学問的確立を急ぐことである。また、保育者の養成問題、そして、保育者をとりまく諸条件の整備等、実にいろいろな問題が山積している。

2　保育者の社会的地位

職業に貴賤上下の差はないという。それはどのような種類の職業であっても、社会の中でそれぞれの役割を担い、社会に貢献しているからである。このように、職業の社会的有用性には差はないにもかかわらず、

現実にはそれぞれの職業に対して、社会的地位というものが付与されるのが世の常である。

保育者の社会的地位の調査研究はあまり見当たらないが、似通った職業である小学校教諭のそれについてはいくつかある。教員の社会的地位を問題にするということは、当然のことであるが、「教員個人」に対してではなく、「教員という職業」に対してであることは言うまでもない。

一般に、職業の社会的地位を評価する場合、社会的必要性、収入、教育水準、資格、免許、職務の性格、与えられている権力の大小や質等が挙げられる。教員の社会的地位の評価にも、これらがまことに複雑にからみあってくるといえる。

3 保育者の職務

保育者である教諭・保育士・保育教諭は、一般的に本来的な保育を担当する以外に、間接的には保育に関係のある事務、その他の業務を担当しなければならない。それが保育者の職務である。

その主なものとしては、次のようなものがある。

① 学級担任関係（諸表簿の作成・管理等）
② 庶務関係（文書・調査・記録等）
③ 経理関係（保育料、教材費等）
④ 施設・施設の営繕関係（施設設備や園具教具の管理・営繕等）
⑤ 研究関係（教育計画、各種行事、環境構成等）
⑥ 安全・衛生関係（衛生への配慮、避難訓練、危機管理等）
⑦ 連絡・渉外関係（懇談、家庭訪問、行政機関との連絡連携等）

こうした職務の中でも、若い保育者にとっては「学級別懇談会」や「家庭訪問」は、かなり負担になると思われる。

親であれば、自分の子どもの情報を少しでも知りたいものである。それだけに、自分と離れている間の子どもの様子がどうであるか、ということには、きわめて熱心であることが多い。

よって保育者は、日頃の子どもたちの様子を、できるだけ具体的に的確に把握し、「資料」を得ておくことが大切である。そのためには、かなり注意して「観察」し、それを綿密に「記録」しておくことが必要不可欠である。漠然とした観察では親は納得しないということを、肝に銘ずべきである。

【引用・参考文献】
　秋田美子・友松諦道・早川元三・日名子太郎・藤田復生監修、西本脩著『幼児教育者としての適性』（幼児教育大系第2巻第3分冊）国土社、1959年
　小原国芳・日名子太郎共著『保育者論』（玉川幼児教育講座1）玉川大学出版部、1973年
　柴谷久雄編、片岡徳雄著「幼児教育の人間像」『現代保育の理論と実際』誠信書房、1972年
　新堀通也『教師の良識』ぎょうせい、1975年
　日名子太郎編、谷田貝公昭著「保育者」『新保育学概論』同文書院、1983年
　山下俊郎『保育学概説』恒星社厚生閣、1956年
　谷田貝公昭・石橋哲成監修、谷田貝公昭編著『保育者論』一藝社、2016年
　谷田貝公昭編集代表『新版 保育用語辞典』一藝社、2016年

（谷田貝 公昭）

第7章 実習の心構え

第1節 事前の心構え

1 実習に必要な理論や知識・技術

　実習に臨むにあたって、幼稚園とはどのような場所なのか、子どもの豊かな育ちを支えるためにどのようなことを大切に保育が行われているのか、また、保育者が担う役割とはどのようなものなのかなどについて、これまでの授業内容をふり返ったり、「幼稚園教育要領」を読み返したりする中で、改めて理解を深めておこう。

　それにより、実習においてもこれまでに習得した理論や知識・技術と結びつけながら、さまざまな子どもの思いや保育者の意図、環境構成の意味などを読み取り、学びへとつなげていくことが期待できる。

2 実習課題の設定

　実習の中で、特に着目する視点を明確にし、具体的な課題意識を持って取り組むことは、有意義な実習につながる。これまで養成校で学んだ理論や知識・技術を振り返り、関心を持ったことや、さらに詳しく学びたいと考えたこと、また、子どもや保育者に対して抱いている疑問などから、実習課題を考えていこう。例えば、「子ども一人ひとりの発達に応じた保育者の援助を学ぶ」「子どもが主体的に活動できるような環境構成について理解を深める」「子どもと一緒に感動や発見を共有し、子どもの視点に立った言葉掛けを実践する」などがある。

実習を重ねた場合には、これまでの実習経験の中で学んだことや、つまずいたこと、さらに深い理解が必要だと感じた事がらを中心に、より具体的に設定していくとよい。適切な実習課題の設定は、実習中の意欲的な取り組みだけでなく、実習後の反省や評価にも生きてくるため、自分自身の関心に応じた課題設定となるよう熟慮(じゅくりょ)したい。

3　実習に必要な書類

　実習を行うにあたって、あらかじめ準備し、実習園に提出しなければならない書類がいくつかある。これらは、養成校が実習園に送付する場合や、実習生がオリエンテーション時に持参する場合、また、実習初日に実習生が提出するものなどさまざまである。実習園によってもその必要の有無は異なるため、養成校や実習園に確認し、期限に間に合うよう計画的に作成、取得するようにする。

(1) 個人票

　個人票とは、実習生がどのような人物であるのかを実習園側が把握するための書類である。氏名や年齢、性別、住所、電話番号、緊急連絡先、通勤経路の他に、教員志望の動機や実習への抱負を記述し、証明写真を貼付して作成する。

　実習園側に実習に対する意欲を伝え、実習生に対して前向きなイメージを持たれるような内容となるよう留意したい。

(2) 諸検査・健康診断書

　実習園によって、諸検査結果の証明書や健康診断書の提出が求められる場合がある。多くの子どもが集まる幼稚園において、実習生が感染症にかかったり、感染源となって子どもの健康や安全を危険にさらしたりすることのないようにしなければならない。

　実習生の健康状態に信頼性がないと判断された場合には、実習が許可されなかったり、中断されたりすることもあるので注意しよう。

　主な諸検査項目には、麻疹(ましん)(はしか)、風疹(ふうしん)、おたふくかぜの抗体検査、

腸内細菌検査(検便)などがある。検査結果が出るまで、また、抗体がなかった場合の予防接種など、場合によって証明書発行まで数週間かかることもあるため、計画的に準備を進める必要がある。

4 準備しておきたい遊びや教材

実習では、より学びの多い実習になるようにとの実習園側の配慮から、実習生に子どもの前で保育をする機会が与えられることが多い。それは、計画的に予定され、指導案が必要なものから、急遽(きゅうきょ)、保育中の短い時間を使って行うものまでさまざまである。いずれにせよ、貴重な機会をしっかりと学びにつなげていくことができるよう、あらかじめ準備しておくことが大切である。

オリエンテーション時には配属クラスが知らされることが多いため、それを踏まえて子どもの年齢や発達に応じた活動、手遊びや絵本などをいくつか用意するようにする。

また、エプロンシアターや手袋シアター、仕掛け絵本、ペープサートなど、子どもたちが楽しめて手軽に用いることのできるような手作り教材を準備しておくことも望ましい。

制作には多少なりとも時間がかかり、また、子どもの前で演じるには十分な練習が必要であるため、実習が始まるまでの時間を有効に使い、取り組むようにしたい。

5 身につけておくべき習慣

実習中は、普段の学生生活とは異なる生活リズムとなるだけでなく、慣れない動きや配慮が求められるなど、疲労やストレスも少なくない。実習に向けて早寝早起きの規則正しい生活習慣とともに、栄養バランスのとれた食事や適度な運動で体力をつけ、体調を整えておくようにしよう。

また、実習生という「学ばせていただく立場」「子どもにかかわる立場」として、ふさわしいふる舞い、態度やマナーを習得しておかなければな

らない。これらは、実習が始まればおのずとできるようになるものではない。普段の生活から心掛けや注意を積み重ねることによって、習慣として、自身の中に定着するよう努力することが必要である。

第2節 オリエンテーションの心構え

オリエンテーションは、実習生が実習園について知り、理解を深めるだけでなく、実習園側に実習生を理解してもらう機会でもある。実習をよりよくスタートさせるための重要な時間であることを肝に銘じ、臨むようにしたい。

1 前日までの準備

(1) 行き方と所要時間の確認

どのような経路で幼稚園まで行くのかを事前に調べておこう。また、約束時間の10分前には幼稚園に到着することを想定して、所要時間も確認しておく。

(2) 持ち物の準備

筆記用具、ノート、実習日誌、上靴、提出書類、その他、実習園から指定された持ち物などを準備する。当日着用するスーツなどの衣服も、汚れやシワがないか確認し、シャツにはアイロンをかけるなどして整えておこう。

(3) 質問項目リストの作成

実習を円滑に始めるために理解しておくべき事項はたくさんある。オリエンテーションで聞きそびれることのないよう、質問する内容をあらかじめ整理しておこう。また、ホームページにもさまざまな情報が掲載されているため、事前に確認しておくとよい。

①実習園の概要

（沿革、教育方針・目標、教職員・園児数、各クラス名、見取り図など）

②実習期間中のプログラム

（1日の保育の流れ、曜日ごとの保育時間、実習中の行事予定など）

③配属クラスについて

（年齢、人数、担任教諭の名前、特別な配慮を要する子どもについての注意など）

④準備事項

（責任実習の有無や日程・時間、課題曲、持ち物、服装など）

⑤その他の確認・注意事項

（実習時間、通勤方法、初日に提出する書類の有無、食事［弁当、給食］、諸費用など）

2　当日の心構え

(1) 身だしなみ

　実習生らしい、清潔・清楚な印象を持たれるよう心がける。服装は、挨拶に適したスーツがふさわしく、ジャージ、ジーパンなどは厳禁である。その他、髪型、化粧、アクセサリーなどについては、「第8章　保育者のマナー　第3節」を参照してほしい。

(2) オリエンテーション時のマナーと注意点

　訪問から帰宅までをシミュレーションしながら、オリエンテーション時に特に気をつけたいマナーや注意点を確認しよう。

□ 約束時間の10分前には到着するようにする。実習生が複数いる場合は、全員がそろっているかを確認してからインターホンを押そう。
□ インターホンの応答に対して「こんにちは（おはようございます）。○○大学（短大・学校）の○○です。実習のオリエンテーションに参りました」と挨拶をする。
□ 園に入る際に解錠した場合には、安全のため必ず施錠する。

- [ ] 出て来られた方だけでなく、出会った職員、保護者や子どもにも元気に挨拶をしよう。
- [ ] 園舎に上がる際には、脱いだ靴をじゃまにならないところにそろえて置き、持参した上靴を履くようにする。
- [ ] 園長先生や実習担当の保育者が来られるまでは、筆記用具やノート、質問項目リストを準備して静かに待つ。
- [ ] 入室して来られたら立ち上がり、「○○大学（短大・学校）の○○です。○月○日から実習に参ります。どうぞよろしくお願いいたします」と、明るくていねいに挨拶と自己紹介をしよう。「どうぞ」と言われてから着席する。
- [ ] オリエンテーション中は姿勢を正し、聞きもらしのないようメモをとりながらしっかり話を聞く。
- [ ] 退園時は、「お時間をいただきありがとうございました。○月○日からどうぞよろしくお願いいたします。それでは失礼します」と、礼を述べて帰る。
- [ ] 園外に出た後でも、職員や保護者、近隣の方の目があることを意識し、愚痴や不満、大声での私語は厳禁である。交通マナーを遵守し、携帯電話・スマートフォンの使用も控えるようにする。

第3節　実習中の心構え

1　実習生として求められる姿勢

(1) 何事にも意欲的に取り組む姿勢

　実習内容は、子どもとかかわることだけでなく、登園前の環境構成や保育中の保育者の観察・補助、責任実習の実施、降園後の保育準備、掃除など1日を通して多岐にわたる。そして、それら全体を経験することによって保育職に対する理解を深め、望ましい保育のあり方を学んでいくところに実習の意義がある。

そのため実習生には、どのような業務・活動にも意欲的に取り組む姿勢が求められる。常に"いま自分がすべきことは何か"を考え、積極的に率先して行動するようにしよう。

また、保育後の反省会などの時間は、保育者に実習の中での気づきや疑問点について質問し、助言や指導を受けることのできる大変貴重な機会である。一つでも多くの学びにつながるよう、保育者との時間も大切にしていきたい。

(2)「学ばせていただく」という謙虚な姿勢

保育職は、子どもたちの豊かな育ちを支える専門職である。保育者は、教育課程をもとに計画を立て、子どもが発達に必要な経験を積み重ねていくことができるよう、日々保育を行っている。

実習生は、そこに携わるということの尊さとともに、子どもや保育者から「学ばせていただく」立場であるということを十分に理解し、謙虚な姿勢で臨まなければならない。これまで養成校で学んできた理論や知識、技術と、目の前にいる子どもの姿や保育者の関わりを結びつけながら自らも実践し、保育者からの助言や指導を生かしながら学びを深めていくことが重要である。

(3) 社会人としての姿勢

実習生といえども、子どもたちからすると"先生"であることに変わりはない。したがって、子どもの理解者や共同作業者、援助者、モデルや心のよりどころなど多様な役割を担う保育者に近づくため、しっかりと励んでいかなければならない。そして、子どもの前に"先生"として立つにあたっては、実習生にも社会人としての態度や行動が求められる。

そこには、子どもや保育者に対する挨拶や正しい言葉遣い、そして、次の「2 実習中の注意点」で挙げている項目だけでなく、"目配り・気配り・心配り"も含まれる。例えば、ごみが落ちていたら拾う、汚れていれば掃除をする、大きな荷物を持っている人がいれば手伝う、扉を代わりに開けるなどである。

一見些細なことのように思えるが、子どもの小さな変化に気づいたり、思いやりの心を育んだり、より良い環境づくりをしたりしていくためには、欠かすことのできない配慮である。実習でもそのような姿勢を発揮できるよう努めなければならない。

2　実習中の注意点

(1) ホウレンソウの徹底

「ホウレンソウ」とは、「報告」「連絡」「相談」である。実習中には、自分自身にかかわること（体調不良や遅刻、欠勤など）や子どものケガ、思わぬ情報を得てしまうなど、さまざまな出来事が起こる可能性がある。その場合には、必ず保育者に「ホウレンソウ」を徹底するようにする。出来事についての判断を下すのは、園長先生や担任保育者であるため、決して実習生が自分勝手に判断をしてはならない。

また、実習生は基本的に、保護者への対応や子どものケガの手当ては行わず、保育者に取り次ぐよう注意する。

(2) 決まり・時間・期限の厳守

子どもへの接し方や服装の規定などの園での決まり、出勤時間をはじめとした時間は厳守する。実習中に何か注意を受けた場合には、同じことを繰り返さないよう心掛け、改善していく。また、実習中には、実習日誌や指導案などたくさんの提出物がある。保育者は忙しい日常の業務のなか、時間を調整してそれらの指導を行っていることを理解し、決められた提出期限は必ず守らなければならない。

(3) 体調管理

実習中は、普段の生活リズムとは異なることに加え、不慣れな動きや配慮が求められるなど、疲れやストレスも少なくない。実習後の、記録の作成や責任実習の準備には集中して取り組むようにし、栄養バランスのとれた食事と睡眠を十分にとって、遅刻や欠勤などにつながらないよう健康管理に留意しよう。

しかし万が一、体調を崩してしまった場合には、無理に出勤して子どもや保育者を感染の危険にさらしたり、実習中に具合が悪くなって迷惑をかけたりすることがないよう、実習園と養成校の指示を仰いで療養するようにする。実習を成し遂げるには、第一に、健康な心身が必要であることを十分に理解しておこう。

(4) 守秘義務

保育者は、子どもの家庭環境、発達状況、保護者個人についてなど、たくさんの個人情報を知りうる立場にある。実習生も例外ではなく、実習中には、さまざまな情報を得ることになる。ときには、家族や友だちと共有したい話題があるかもしれない。

しかし、保育者同様、実習生にも守秘義務はあり、幼稚園や子どもに関する情報は一切口外してはならない。そして守秘義務は実習中だけでなく、実習後も継続して負わなければならないことをしっかりと覚えておこう。また、「Facebook」「Twitter」「Instagram」「LINE」等のSNS（ソーシャルネットワーキングサービス）を利用している学生も多いが、実習先や実習に関する内容・情報は、どのようなことであっても、それらSNSには、写真も記事も、絶対に投稿してはならない（第8章参照）。

【参考文献】

安部孝編著『自分でつくるBOOK&NOTE ─ 教育・保育実習でよりよい時間を過ごそう！』同文書院、2015年

玉置哲淳・島田ミチコ監修、大方美香・瀧川光治・中橋美穂・卜田真一郎・手良村昭子編著『幼稚園教育実習』建帛社、2010年

長島和代編『これだけは知っておきたい わかる・話せる・使える 保育のマナーと言葉』わかば社、2014年

松本峰雄・安藤和彦・髙橋司編著『保育職論』建帛社、2015年

文部科学省『幼稚園教育要領解説』フレーベル館、2008年

（尾山祥子）

第8章 保育者のマナー

第1節 挨拶

1 表情

　保育者は、子どもにとって生活者としてのお手本である。子どもは保育者の言葉づかいや行動をよく見ており、真似をする。保育者は子どものよき手本となるよう自覚したい。
　この章では、保育者のマナーについて述べる。保育者としてはもちろんのこと、社会人の一人として身につけてほしいことが多いので、実践につながるよう意識することが求められる。

　社会人のコミュニケーションは、挨拶(あいさつ)から始まるといっても過言ではない。保育の現場では、子どもたちはもちろん、保護者や同僚、地域の方々などたくさんの人たちとかかわりを持つ。実習場面だけでなく、日ごろから、自らすすんで挨拶をすることを心がけてほしい。
　相手に好印象を与える挨拶は、言葉だけでなく表情が大切である。せっかく元気よく挨拶をしても、表情が明るくなければ、決してよい印象にはならないのである。ふだんから疲れたときやイライラしたときでも、じょうずに感情をコントロールし、表情に出さないように心がけたい。
　また、笑顔で挨拶をすることは、相手に安心感を与えられるので、子どもや保護者はもちろん、誰に対しても笑顔で接することが大切である。しかし、ずっと笑顔でいることが求められるわけでなく、謝罪の場面な

どでは真剣な顔つきでないと反省していることが伝わらない。当然のことながら、状況に応じた表情をすることを身につけてほしい。

2　TPOを考えた挨拶

さまざまなアルバイトをしている学生も多いことだろう。アルバイト先によっては、夕方でも「おはようございます」と言うこともあるようだ。しかし、日常生活や実習では、「おはようございます」「こんにちは」「こんばんは」と、時刻に応じてきちんと挨拶をすることが求められる。

また、職場では目上（めうえ）の人に「お疲れさまです」と挨拶することもあり、間違いではないが、実習では使わないようにし、帰る時は「お先に失礼します」や「今日も一日ありがとうございました」と言うようにしたい。いわゆる「TPO」（ティーピーオー）※をわきまえた挨拶を心がけてほしい。

第2節　敬語

1　敬語の種類

敬語には、「尊敬語」「謙譲語（けんじょうご）」「丁寧語（ていねい）」の3種類がある。これらをしっかりと理解し、場面に適した敬語を使えるようにしたい。

実習時はもちろん、社会に出ると敬語を使う機会が大変多くなる。言葉でのコミュニケーションをとる際も、日誌や連絡帳などを書く際も、気をつけなければならない。

　【尊敬語】相手に敬意を表すとき（上司や、目上の人などと話すとき）
　　　　　に使用する。
　【謙譲語】自分を低めて、相手に敬意を表すときに用いる。
　【丁寧語】言葉づかいをていねいに表現し、上品で優しい印象にする
　　　　　ときに用いる。

※　「Time（時間）」「Place（場所）」「Occasion（場合）」の頭文字。条件に合った服装・行動などを考える際に使われる用語。和製英語だが、社会一般に広く重視されている。

2　間違いやすい敬語

　実際に敬語を使うときに間違いやすい敬語がある。いくつか例を挙げるので、正しく使えるよう学んでほしい。

　〔事例1〕　尊敬語の間違い
　　・保護者からの問い合わせに対し、園長が不在であることを伝える場合
　　　　✕「園長はいらっしゃいません」
　　　　〇「園長は不在です」

　このように、外部の人と話すときは、自分の上司にあたる園長であっても尊敬語（いらっしゃる、いらっしゃいます）は使わない。この場合は園長を身内と捉えるため「不在です」を使う。

　〔事例2〕　謙譲語の間違い
　　・園の保育者（実習生）同士の会話の場合
　　　　✕「園長先生も、この件は存じ上げています」
　　　　〇「園長先生も、この件はご存じでいらっしゃいます」

　同じ園に勤務している中で、園長について話す場合は、謙譲語（存じ上げる、存じ上げています）は使わず、尊敬語「ご存じです」を用いる。

　〔事例3〕　丁寧語の間違い
　　・実習生が、園長に対して質問する場合
　　　　✕「園長先生は、どちらの中学校の出身でございますか？」
　　　　〇「園長先生は、どちらの中学校のご出身でいらっしゃいますか？」

　目上の人が主語となる表現に、丁寧語（ございます）を使うのは適切ではない。この場合は尊敬語「いらっしゃいます」を使うのが望ましい。「出身」など相手の所属に尊敬語「ご」「お」をつけるのは正しい。

3　実習での話し言葉

　実習では、子どもや保育者のみならず、多くの人と言葉を交わし、コミュニケーションを図る。先に述べた敬語を、TPOに応じて正しく使

い分ける必要がある。また、子どもたちは、大人どうしの話をとてもよく聞いている。ふだんから、子どもたちのお手本になるよう、正しい日本語を使えるよう日常生活でも意識してほしい。

4　気をつけたい言葉づかい

　実習先には、成長発達が著(いちじる)しい子どもたちが、たくさんいる。子どもたちは周りの大人たちの言葉を真似して使うことが多いため、正しい言葉づかいをしなくてはならない。流行語や乱暴な言葉づかいは用いず、子どもたちに真似をされても恥ずかしくない会話をしたい。

　また、自分自身のことを名前で呼ぶことも控え、一人称は「私」を使用する。子どもたちについても、呼び捨てやニックネームで呼ぶようなことがないように配慮する（ただし、園の方針を事前に確認すること）。

　実習生どうしのコミュニケーションでは、ふだん仲のよい友人どうしであっても、実習中はきちんとした言葉づかいで会話するようにする。

第3節　身だしなみ

1　実習中の服装・身だしなみ

　実習中は日常生活とは異なり、身だしなみについてさまざまな配慮が求められる。自分の趣味やこだわりではなく、保育者自身も環境の一つだと捉えて、「子どもから見た大人としてどうか」という視点から、保育の現場にふさわしい身だしなみをすることが求められる。

　第1に、安全で衛生的な服装をする。長すぎる爪は子どもを傷つけてしまうこともあるうえに、見た目も不衛生である。実習に入る前は必ず爪を短く切り、マニキュア・ペディキュアもつけない。アクセサリー類はすべてはずし、安全ピンもなるべく使わない。

第2に、動きやすい服装であること。実習中は子どもたちと一緒に体を動かして遊んだり、生活全般の援助をしたりする。そのため、汚れを気にしたり、脱ぎ履きがしにくい靴を持参したりすることがないようにする。

　第3に、実習中の髪型やメイクについては、女性はナチュラルメイクを、男性は清潔感を大切にすることを心がける。髪色は染めずに自然な色で、髪型は顔まわりに髪がかからないようにし、長い髪は後ろに一つにまとめて結ぶ。特に、つけまつげやカラーコンタクトは、たいへん不自然に見えるので避ける。眉毛については、整える程度にし、細くなりすぎないようにする。眉毛は表情をつくる際にとても重要で、眉毛が無いと表情がほとんど伝わらないので注意する。

2　通勤時の服装

　実習時の服装で通勤する場合と、園に到着後に着替える場合とがある。どちらにしても、園への確認は欠かせない。特に指定のない場合は、スーツを着用し通勤するのがよい。通勤時は子どもたちだけでなく、保護者や地域の方たちもおり、実習生がきちんとした服装でないと、養成校はもちろん、実習園の評判も落とすこととなる。身だしなみや服装には十分注意する必要がある。

　もし不安な場合には、養成校の先生や先輩、家族等にお願いして事前にチェックしてもらうとよい。

第4節　守秘義務とSNSの危険性

1　個人情報

　実習先では、通園している子どもたちの「個人情報」に触れる機会が多い。個人情報とは、特定の人を識別できる情報のことを指す。

実習園では子どもたちの顔、名前、年齢、性別、生年月日、住所、保護者の職業、家族構成などさまざまな個人情報を知ることになる。実習中に知り得た情報は、どんなに仲のよい家族や友人であっても、決して口外してはならない。情報が流出することで、子どもや保護者を傷つけてしまうことも考えられるため、個人情報の取り扱いには十分配慮する。

　また、「実習日誌」についても同様である。子どもたちの名前をそのまま記載するのか、イニシャル表記にするのかは、事前オリエンテーションの際に、園へ確認する。

2　携帯電話・スマートフォン

　実習生は、携帯電話やスマートフォンを保育の場に持ち込むことは、厳禁である。それらは実習中に必要のない私物であり、ロッカーやカバンにしまっておく。もし子どもや保護者に連絡先を聞かれても、実習生という立場でのかかわりであることを強く自覚し、連絡先の交換はしない。

　また、子どもの写真撮影も、してはならない。もし実習の中で、記録として残したい場合は、事前に園長先生に相談をする。きちんと理由を説明し、許可を得た場合のみ撮影してもよい。

3　SNSとは

　インターネットが普及したいま、多くの人がほぼ毎日、パソコンやスマートフォンでニュースを見たり、調べ物をしたりして利用している。

　無数のWebサイト（ホームページのサービスを提供しているシステム）が、インターネット上には存在し、もはや私たちの生活の一部になっていると言ってもよいだろう。とても便利ではあるが、使い方を間違えてしまうと、人を傷つけたり、自分自身の信用を無くしてしまったりすることもある。近年急速に普及したSNSは、「『ソーシャルネットワーキングサービス（Social Networking Service）』の略で、登録された利用者どうしが交流できるWebサイトの会員制サービスのこと」(総務省ホームページ)である。

インターネットを使って、友人とやり取りをするのが一般的な使い方だろう。「Facebook」「Twitter」「Instagram」「LINE」等のSNSに登録し、活用している学生も多いが、いったん使い方を間違えると信用を失うことも考えられるので、使い方には十分注意することが必要である。

4 SNSの危険性

　SNSはインターネットを使用しているため、一度投稿した写真や記事、メッセージは消えることはない。仮に自分で削除をしても、それ以前に見た誰かがいる限り、完全に消えることはない。

　注意すべきことは、「友人どうしのやり取りだから」と、実習先で見たり聞いたり感じたりしたことを深く考えず、SNSに載せてしまうことである。実習先だからといって、誰も見ないとはかぎらない。友人の友人……というように、無数につながってしまうことも十分に考えられる。

　こうして安易にSNSを使用することで、トラブルは起きる。自分が発信することについては、十分考慮したうえで行い、実習先で知り得た内容はもちろんのこと、実習に対する不満や不安、愚痴といったことも、絶対に書いてはいけない。実習中にSNSに時間を取られることは、日誌の記録や保育準備の時間が削られることにもつながる。日常的な友人とのやりとりも、実習中は避けるのが賢明である。

【参考文献】
田中まさ子『幼稚園・保育所実習ハンドブック〔三訂〕』みらい、2011年
長島和代編『これだけは知っておきたい わかる・話せる・使える　保育のマナーと言葉』わかば社、2013年
久富陽子編『学びつづける保育者をめざす実習の本─保育所・施設・幼稚園』萌文書林、2013年
総務省「SNS（ソーシャルネットワーキングサービス）の仕組み」「安心してインターネットを使うために（国民のための情報セキュリティサイト）」
　　http://www.soumu.go.jp/main_sosiki/joho_tsusin/security/basic/service/07.html 2017年1月24日最終閲覧
谷田貝公昭・上野通子編『これだけは身につけたい 保育者の常識67』一藝社、2006年
谷田貝公昭編『これだけは身につけたい 新・保育者の常識67』一藝社、2015年

（松田佐友里）

第9章 実習段階

第1節 実習段階と内容

1 実習段階について

　実習で学ぶ際の保育への入り方は、どの段階の実習なのかによって異なる。一般的には、次のようにステップアップをしながら実習に取り組むこととなる。
　①**観察実習**（保育の観察）
　②**参加実習**（クラスの活動の中に入り補助活動を経験）
　③**責任実習**（保育の主活動や一日を構成する）
　どの実習内容も、保育者を目指す者にとっては必要な保育現場で体験できる学びである。この実践的な学びの中である「実習」により、保育者になるための意欲が増す学生も多いだろう。
　では、次にさまざまな実習の段階について触れ、実習の計画や、実習の日々の目的について触れていきたい。また、各実習の段階などは各養成校によって呼び方や捉え方が違うため、一つの意見として受け止めてほしい。

2 観察・参加実習

（1）観察実習

　観察実習（見学実習とも呼ばれている）とは、幼稚園などの現場を実際に「観て」観察することにより学ぶ実習である。大切なことは、視点を

定めて「観る」ことである。視点を定めて「観る」ポイントは、以下の内容が挙げられる。

> ・幼稚園の一日の生活
> ・年齢ごとの子どもの姿（子どもたちの遊び・生活・育ちなど）
> ・保育内容や保育方法、保育形態
> ・保育者の職務
> ・保育室の環境構成
> ・他の職員との連携
> ・保護者への対応

　見学や観察中は、子どもたちの動きや保育を妨げることのないように配慮することが大切である。また、メモの取り方・観察中の立ち位置などは、実習園の保育者にあらかじめ確認をすることが必要である。
　しかし、見学・観察という名目ではあっても、実習は子どもたちの生活の場で行われている。そのため何かしらの事態が想定される。例えば、子どもたちに話しかけられたら応じる等、柔軟な対応は必要である。

（2）参加実習

　参加実習とは、保育の活動に実際に参加することにより学ぶ実習形態である。その内容について以下に例を挙げる。

> ・保育が行われているときに、保育者の補助として活動の援助を行う。
> ・子どもの遊びに参加する、一緒に遊ぶ。

　参加実習の実習方法は、実習先である園の園長、所属するクラスの保育者によって考え方が異なる。そこでは、実習生として、さまざまな保育に対する考えがあることを学ぶだろう。
　参加実習では、見学や観察実習と比べ、より積極的に実習に取り組むことが求められるほか、実習生自身が絵本の読み聞かせや手遊びなどを行うこともあるだろう。また、実習園によっては、絵本の読み聞かせや手遊びを行うことも「部分実習」として含められる場合もある。

それを踏まえ、次の点に注意しながら取り組むことを心がけてほしい。

> ・保育者がクラス全体に話しかけているときには、子どもたちの中に入り、子どもが保育者に注目できるような促しをする。
> ・保育の活動中は、子どもがその活動に関心を持ち、取り組みの励みになるような言葉掛けをする。
> ・実習生自身が、絵本の読み聞かせ、手遊びなど実際に演じてみることで、声の大きさや子どもの反応など、保育者として必要なスキルアップのポイントを見つける。

　保育に参加することで、「集団」としての子ども、「個」としての子どもの動きに注目し、必要な援助を考える場面があるだろう。そのため、実際に保育活動を担う立場になるため、保育の展開について、保育者の補助的役割を通して学ぶことが大切になるのである。事前に所属クラスのデイリープログラムや、その日のタイムスケジュールなどをよく把握しておくことが必要になるのである。

　実習生として、どの程度参加してよいのか、必要な補助はどのようなものがあるのか、保育者に確認をしながら取り組むことが求められるだろう。また、実習生は保育の流れを止めないように、臨機応変な態度を心がけてほしい。

3　責任実習

(1) 責任実習とは

　責任実習とは、実習生が実習指導案を作成して、子どもたちの保育者となり、保育の活動を行い実践する実習形態のことを指す。一日の中のあらゆる活動場面（自由遊び時間・朝の会・食事時間・帰りの会・園全体の朝会の司会など）を指定されることも多くあるだろう。

　その際、実習生が配属しているクラスを担当している保育者は補助にまわり、実習生のふる舞いや保育の構成、展開の仕方などを見た後、反省会などを利用して指導、助言を行うのである。

責任実習の内容は大きく分け2つに分類され、保育の1コマを実習することを「部分実習」と言い、一日を通して実習生が主担当として保育を行うことを「全日実習」と言う。この部分実習、全日実習についても実習先の園や養成校により呼び名が違う場合もある。
　では、以下に部分実習・全日実習についてさらに述べていきたい。

(2) 部分実習

　部分実習における主活動は、造形活動・音楽活動・運動やゲームなどがあり、時には絵本の読み聞かせや手遊びなど、10分程度のものも部分実習と指す場合もある。また、日課として毎日繰り返される活動である、朝の会や給食の時間、帰りの会など絵本の読み聞かせや手遊び等実際に子どもたちの前に立って行う場合もあろう。

　つまり、部分実習とは、一日のある部分の保育を担当する実習である。主活動として想定される時間は、4・5歳児で40分〜50分くらい、3歳児で30分位の活動時間が想定される。部分実習は、日常の一コマを担当する実習である。しかし、実習生はその活動だけの保育をすればよいわけではない。部分実習を行う前の子どもたちの雰囲気を把握し、活動を始め、活動を行った後、そのクラスを担当する保育者に引き継がなければならない。その活動のつなぎ方を考えながら指導計画を立案することになるのである。それを踏まえ、実習生は、日頃の保育の流れを把握しておき、保育者との打ち合わせを密にしていく必要があるだろう。

(3) 全日実習

　全日実習は、一日の保育全てを担当する実習である。実習生であるあなたが将来、保育者として保育現場で働くことを想定できる実習としてとらえることもできるだろう。そして、これまで実習して学んできたものがどれだけ保育現場で通用できるかを学べる実習でもある。

　実習の集大成とも考えられる全日実習であるが、全日実習は、部分実習の延長でもあり、朝の出迎えから送り出すまでの保育を構成し実践する実習である。

全日実習を行うためには実施するクラスの週の指導計画（週案）などを配慮し、指導案を作成する必要があるだろう。そのためには、実施するクラスの環境、子どもたちの様子などを把握するために担当の保育者と打ち合わせを密にすることが求められるのである。

第2節　実習の計画と日々の目的

1　日々の目的

　さて「実習」という科目は、子どもたちの実際を見ることができ、かかわりながら子どもたちの成長の様子を学ぶことができる科目である。実習に参加すると、実習に参加する学生は「実習生」という名で呼ばれる。
　実習は、これまで養成校で学んできたことを実際に目のあたりにし、経験することができる科目でもある。実際に保育を行っている1コマに実習生がお邪魔させていただき、これまで学んできたものを改めて再認識し、学び直す貴重な機会でもある。
　しかし、実習は、ただ子どもたちとかかわるだけで終わる科目ではない。実習生にとっては、さまざまな人とのかかわりを学ぶどの実習であろうとも、日々の保育の1コマに入り実践する場である。当然、日々の生活とは違う流れが起き、その生活の流れが崩れないように、事前に実習に入るクラスの保育者とはしっかり打ち合わせを行い、実習に取り組んでほしい。保育者は、それぞれ日々目的を持って保育を行っており、子どもたちは、ただ単に日々を過ごしているのではないのである。実習生であるあなた自身も、日々の目的を持ち実習に挑むことで、ただ単に日々を過ごさず、何かを日々学びながら過ごすことができるだろう。
　実習の目的については、初めは「子どもたちが生活する一日の流れを把握する」「子どもたちの名前を覚える」など、大まかなものから始ま

り、日を重ねるごとに細かい目的にしていくことで、実習自体が深みのあるものになるだろう。

2 実習の計画

保育者は、期間ごとに計画を立て保育を行っている。その保育期間の例を**図表9-1**に挙げる。つまり、指導案や日誌を実習で書くことは、その後の保育者としての保育計画を作成する練習にもつながるのである。

実習で作成する指導案や日誌は保育計画の中では「日案」に該当するだろう。実習生自身の実習計画として考えられるのは、「日誌」、「指導案」に値するだろう。

図表9-1　指導計画について

年間指導計画	1年間の保育内容を計画した指導案
学期間指導計画	1年間を前期・後期や1学期・2学期・3学期と分けて計画した指導案
月案	1カ月ごとに保育内容を計画した指導案
週案	1週間ごとに保育内容を計画した指導案
日案	1日の保育内容を計画した指導案

出典：筆者作成

「日誌」は、子どもたちや保育者、実習生である自分自身の行ったことなどを書き留めるものであり、過去のことを記載していくものである。「指導案」は、実習生であるあなたが、これから子どもたちに対して保育者の代わりに保育を行おうとすることを書き留める計画書なのである。

実習生は「日誌」を作成することで、その日にあった子どもたちの様子や保育者のかかわり、それに準ずる環境設定を思い返しながら、そのときの保育の意図や、子どもたちのかかわり方を振り返りながら学ぶことができるのである。

その際に必要となるのが「子どもを見取る力」である。保育者が子どもたちの様子を見て瞬時に適切であろう判断ができるのは、「子どもを

見取る力」があるためである。保育者はこれまでの子どもたちの成長をその年度の4月から見守り、事前に作成している保育計画に沿って、時には修正をしながら保育をしている。そのため、子どもたち一人ひとりの様子を把握でき望ましい育ちのために適切な対応ができるのである。

　しかし、実習生は子どもたちが生活する一コマにお邪魔し実習を行うため子どもを見取る力が十分ではないだろう。また、配属するクラスや学年により子どもたちの発達も違うことを念頭に置くことも大切であろう。それらを踏まえ、実際に現場で学んだことや日誌を通じてふり返った保育をもとに「指導案」の作成となるのである。

　保育を行う際、ただ行き当たりばったりで保育をする保育者はおらず、どのように子どもたちを保育することが望ましいのかを考えながら日々の保育を行っている。そこで、幼稚園での教育実習であれば、「幼稚園教育要領」に沿った保育、子どもたちが在籍する園の方針などさまざまな意図を踏まえ、保育の計画を練っていくことが望まれるのである。また、保育は保育者が1人で子どもたち多数とかかわりを持つのではなく、複数の保育者が協働しながら子どもたち全体の保育を行っている。その点を考慮しながら、保育を計画することを学ぶことが大切である。

　また、それらの学びを受け身ではなく主体的に捉えること、つまり「この子どもたちとのかかわりは適切であったのか」「今回行った保育の意図はどういうものだったのか」などの疑問を解決し、「子どもたちと次は○○○なかかわりを持ちたい」と計画しながら、意欲的に子どもたちや保育者とかかわることが大切であろう。

3　指導案の作成・実施について

　実習を実施するにあたり、これまでの学びを生かし、「自分がどのような実習を行いたいか」を考えながら実習に臨むことが大切であろう。そのためには、子どもたちの育ち（遊びや生活の流れ）をあらかじめ観察し、それらを想定しながら指導案を作成することが求められる。

前日までの子どもたちの姿から、何を楽しみ、何に興味を持っているのか把握し、保育内容を決めることが大切である。できれば、実習が行われる前に責任実習を立案するよりも、実際に子どもたちの様子を観察した上で指導案を立案することが望ましい。しかし、責任実習が実習開始日から近い場合は、ある程度の保育内容を事前に考えておき、子どもたちの様子を観察した後、保育内容を変更することが大切であろう。

　指導案、立案に向けて注意しておくポイントは、以下のとおりである。

・担当保育者との事前打ち合わせ（活動内容を、一つひとつ相談をして決めていく）から、何度も指導案の修正が入ったうえで本番に至ることも多々ある。
・実施日が決まっているのであれば、遅くとも3日前までには提出をすることが望ましい。ただし、担任より提出日の指定があった場合は、遅れず提出すること。
・ご指導いただいたことは、素直に真摯に受けとめ、改善できることはすぐに改められるよう努力をする心構えを持つ。

　指導案を作成した後は、指導案に基づき実践し、実践後に保育者としての自己課題を明確にすることが大切である。つまり、実習生である自分自身が行った保育に対して振り返りをすることで、また新たな課題を見つけ、次の保育へとつなげていくことができるのである。

4　臨機応変な対応とは

　責任実習に限らず、実習を行っている自分自身が主となり保育を行うことは、緊張もしてしまうだろうが、ときには、思い切りのよさも必要である。実習生が主となり、保育を行う以外にも、子どもたちは、実習生を"先生"として信頼して見つめているのである。その信頼に応えられるよう、気おくれしすぎずに、堂々と実習に臨んでほしい。

　子どもたち一人ひとりの成長が違うように、保育を実施する際、計画どおりにいかないのは当然のことである。実習に限らず、保育を行うと

きは、常に子どもたちに寄り添い、子どもたち一人ひとりの気持ちを大切にしながら、臨機応変な対応を心がけてほしい。臨機応変な対応とは、実習生であるあなたがこれまでの人生で経験してきた中で、最善と考えられる対応をすることである。

しかし、最善と考えられる対応であっても、その対応は経験を踏まえての対応であるため、人により価値観や損得を捉える感性が違うこともあるだろう。実習中に、ときに実習担当の保育者から手厳しい指導を受けることもあるだろう。それは、その保育者がこれまで経験してきた中で、将来、保育者として働くあなたが、今後同じような状況に出会ったときに困らないための助言であることを、心のどこかにとどめてほしい。その指導は、あなたが実習生から保育者や社会人へと育っていったときには、後輩たちに向けた助言となるのである。

今後、バリエーション豊かな臨機応変な対応を行うためには、実習だけでなく、ボランティアや社会活動などさまざまな経験をすることで、さらに最良な行動ができるだろう。

【参考文献】

太田光洋編著『幼稚園・保育所・施設実習完全ガイド［第2版］』ミネルヴァ書房、2015年

太田光洋編著『子どもが育つ環境と保育の指導法』保育出版会、2016年

大豆生田啓友・高杉展・若月芳浩編著『最新保育講座⑫幼稚園実習　保育所・施設実習［第2版］』ミネルヴァ書房、2014年

戸川俊「保育実習における実習指導あり方についての一考察──実習受け入れ先、学生の調査から」日本保育文化学会、保育文化研究第1号 pp.95-106

戸川俊「保育者養成校における学生指導・実習指導のあり方について──学生を対象としたアンケート調査より」日本保育文化学会、保育文化研究第2号 pp.63-71

（戸川　俊）

第10章 保育内容と方法

第1節 幼稚園教育の基本

1 幼稚園教育要領の改訂

　幼稚園教育要領とは、文部科学大臣が告示する幼稚園の教育課程の基準を示したもので、学校教育法施行規則第38条に基づいて定められているものである。

　この改訂は、2006年の教育基本法改正、2007年の学校教育法改正、社会の変化やニーズへの対応、認定こども園の設立などの背景が考えられる。なかでも、教育基本法第11条に幼児期の教育が規定されたことが大きく、幼稚園教育要領でも反映されることとなった。

> ○**教育基本法　第11条**　　　─幼児教育関係部分抜粋─
> （幼児期の教育）
> 　幼児期の教育は、生涯にわたる人格形成の基礎を培う重要なものであることにかんがみ、国及び地方公共団体は、幼児の健やかな成長に資する良好な環境の整備その他適当な方法によって、その振興に努めなければならない。

　改訂の基本的な考え方として、①生きる力の基礎の育成、②小学校教育との円滑な接続、③社会の変化への対応、④家庭生活との連続性の重視、⑤子育て支援と預かり保育の充実、という5点が強調されている。

　保育内容に関しても、環境を通して行うという基本的な点は変わらないが、次に示す点が重視されることになった。

①遊びの中で十分に身体を動かすこと
②食育を育むこと
③物事をやり遂げようとする気持ちを育むこと
④子どもの自信を育むこと
⑤協同的な遊びを育むこと
⑥規範意識の芽生えを育むこと
⑦愛情を実感し、家族を大切にする気持ちを育むこと
⑧思考力の芽生えを育むこと
⑨考えを言葉にして伝えあい、相手の話を聞くこと

社会の変化やそれぞれの時代の要請とともに幼稚園教育要領は改訂されてきたが、根底にある、「遊びを通した教育」を重視するという点は変わっていない。幼児にとって「遊び＝学び」であり、遊びを通してさまざまな学びの芽を育むことが、幼稚園教育の基本なのである。

2　幼稚園の役割

幼稚園は幼児の「生きる力」の基礎を育成するという重要な役割を担っている。その生きる力を育成するためには、幼児の主体的な活動としての遊びを十分に確保する環境が必要になる。幼稚園教育要領の総則にも「幼稚園教育は、学校教育法に規定する目的及び目標を達成するため、幼児期の特性を踏まえ、環境を通して行うものであることを基本とする」と記載されている。

学校教育法が規定する目的とは、以下のとおりである。

> ○学校教育法　第22条
> 　幼稚園は、義務教育及びその後の教育の基礎を培うものとして、幼児を保育し、幼児の健やかな成長のために適当な環境を与えて、その心身の発達を助長することを目的とする。

このように、幼児を保育するということは、「適当な環境」を与えて幼児の「心身の発達」を促すことであり、それが幼稚園の目的なのである。

幼児期は心身ともに急速に発達し、活動意欲も高まり、運動能力も増

す時期である。自我も芽生え、まわりの環境に対する興味や関心も増す。そのような時期に、幼児は身のまわりにある環境とのかかわりによって、成長に必要なさまざまな体験を獲得していくのである。

3 小学校教育と保育の違い

　小学校以降の教育は、教科などの学習を中心とする教育を通して、知識や技能の習得・探求を重視する。しかし、体系化された知識や技能を大人から一方的に教えられて身につけることは、幼児期の子どもの発達の観点からもふさわしいものではない。一方、保育では、子どもの興味や関心に基づいた直接的・間接的な体験をとおして繰り返し活動する中で、人格形成の基礎に必要な心情、意欲、態度を身につけていくことを重視する。このように、小学校教育と保育の間には違いが存在する。

　また、「遊び」という言葉の捉え方に関しても、幼稚園での「遊び」は幼稚園教育課程の中心にある重要な活動であるのに対し、小学校における「遊び」は休み時間、昼休みなど、教育課程の枠外に位置づけられ、幼稚園に比べると重要度の低い活動と捉えられている。

　さらに「教材」といわれるものも、小学校においては、児童の興味・関心を喚起し授業に集中する目的で、全員が同じ内容の知識を同じ方法で習得するために、教師が開発したツールとして捉えられるが、幼稚園における「教材」とは、子どもの周りにあるすべての素材のことを意味する。園庭の隅のダンゴムシ、散歩の途中で見つけたタンポポ、風に流れる空の雲、雨上がりの虹など、子どもの心を動かすものは、すべて子どもにとっては魅力的な「教材」になる。

　このように、幼稚園と小学校にはさまざまな違いが存在する。幼稚園教育は、目に見えない教育であるからこそ、点数や評価、活動の成果にこだわることなく、保育のねらいや内容を環境の中に組み入れながら、子どもの主体的な活動を重視し、子ども一人ひとりの発達の特性に応じることが求められるのである。

4　環境をとおして行う教育

　保育は、環境をとおして行う教育を基本とする。子どもを取り囲むあらゆる環境に対し、子ども自らが興味を持って環境に働きかけることをとおして、発達に必要な経験を積み重ねる過程を重視する。

　しかしそれは、環境さえ整えておけば、あとは子どもの活動に任せておけばよいということでも、保育者が環境の教育的価値を取り出して、直接子どもに押しつけたり詰め込んだりするものでもない。一人ひとりの子どもの姿をよく理解し、子どもの興味や関心、発達に応じた環境をつくり出すことが重要なのである。

　環境をとおして行う教育とは、保育者が子どもに直接働きかけるのではなく、子どもに経験させたいことを環境の中に取り入れ、子どもの主体的な活動が生まれることを待つという、間接的に働きかける教育である。

　つまり、子どもの活動を予想して、子どもがかかわらずにはいられないような、魅力的な環境を構成することが重要になる。さらに、子どもが環境とかかわりながら、さまざまな活動を展開する中で、子ども一人ひとりの発達に必要な経験が積み重ねていけるよう援助することが、保育者には求められているのである。

第2節　幼稚園教育における保育内容

1　「ねらい」と「内容」

　幼稚園教育要領解説では、「ねらい」は「子どもたちが幼稚園の生活を通して、幼稚園を修了するまでに生きる力の基礎となる心情、意欲、態度など」とし、「それを達成するために保育者が指導し、子どもが身につけていくことが望まれること」を「内容」としてきた。

保育には、活動を通して子どもに育てたいこととして「ねらい」があり、その「ねらい」を達成するために、子どもに経験させたい内容、保育者が指導する内容として「内容」がある。保育は、何のためにその活動をするのかという意図が必要であるが、その意図を直接的に活動に結びつけるのではなく、環境の中に組み入れながら、子どもの主体的な活動を尊重する。子どもの主体的な活動に沿って、子どもの発達に必要な経験が得られるように援助することが、保育者の役割として求められる。

2　「遊び」に見られる「5領域」

　領域は、小学校以降の教育でいう教科とは異なり、保育者が子どもの生活を通して総合的な指導を行うときの視点であり、子どものかかわる環境を構成する時の視点でもある。

　子どもの発達は、さまざまな側面が絡み合って相互に影響を与えながら達成していく。子どもが遊びをとおして、具体的、直接的に試行錯誤しながら学んでいくのが、幼児期特有の学習である。そこで、遊びの中で子どもはどのような学びをしているのかを事例から考えてみる。

〔事例〕
　ある日、5歳児が友だちと砂場で山を作り、トンネルを掘ろうとしていた。しかし、なかなかうまくできず、何度も山を作りトンネルを開けようとしては、山を崩してしまうことを繰り返していた。
「少しだけ水をかけて、砂をかためてみよう」
「ここの砂はさらさらしすぎるから、ほかのかたい土もまぜてみる？」
など、色々と知恵を出し合って、水をくみに走る子ども、土を運んでくる子どもがいた。
　ときには穴のあける場所や水のかけすぎなどでもめたりしながらも、見事にトンネルが貫通した時は、大歓声があがっていた。

　この遊びをとおして、多くのことを子どもは学んでいる。遊びから何を経験しているのか、その内容を読み取ると、次の5つが考えられる。

【環境】シャベルや細いスコップなど用途に合った道具の使い方、水を混ぜると固まるなどの砂や土の性質など。
【表現】友だちと協力するための具体的なイメージの表現方法、完成させたときの達成感や満足感の表現方法など。
【言葉】イメージを共有するための、また、意見の交換や、意思の疎通を図るための言葉の使い方など。
【人間関係】協力して遊びを進めるための役割分担や、お互いの意見を調整するためのやり方など。
【健康】山を作ったり水をくみに走ったり、思い切り体を動かす活動。

このように、遊びには重要な多くのことを学ぶ内容が含まれている。遊びをとおして、体力やコミュニケーション力、知的好奇心やボキャブラリー、想像力・創造力などが育まれることが期待されるのである。

3 「遊び」をとおしての総合的な指導

「幼稚園教育要領」第1章「総則」の第1「幼稚園教育の基本」には、以下のように記されている。

> 幼児の自発的な活動としての遊びは、心身の調和のとれた発達の基礎を培う重要な学習であることを考慮して、遊びを通しての指導を中心として第2章に示すねらいが総合的に達成されるようにすること。

ところが保育の現場では、この「遊び」の意味を十分理解して保育を展開しているとは限らない。

教えられたことを黙々とこなしているような保育や、一方で、「子どもが環境とかかわり自ら生み出す活動」が遊びであるからと、保育者は何もせず、子どもに任せきりにしているような保育もみられる。しかし、それではその遊びは子どもの成長につながらず、子どもが遊びから重要な学びを得ているとは言いがたい。

子どもは、さまざまな人やものとかかわって遊ぶ中で、自らの世界を広げていく。自発的な活動としての遊びは、子どもにとって、自分が生きる世界を知る重要な学びの場であり、学習の場である。「学びと遊びを対局で捉える」のではなく、「遊びは学びにつながる連続したものとして捉える」ことが重要である。

　そうした遊びの指導で大切なことは、遊びをとおして子どもが発達していく姿をさまざまな側面から総合的に捉え、子ども自らが発達に必要な経験が得られるような状況をつくることである。

　子どもが試行錯誤しながら、心ゆくまで遊び込むための時間や空間のゆとりが確保される必要がある。それは、単に「時間がたくさんある」「場所が広い」ということでなく、子どもの活動の流れに沿った展開が保障されているということであり、子どものイメージに沿って空間を変えることができるような、いろいろな可能性を秘めた環境を整えるということである。

　保育の専門家を目指すものは、この「遊び」の持つ意義を十分に理解し、「遊び」をとおして子どもたちが具体的に体験していることを捉える目が求められる。

第3節　保育方法

1 「主体性」と「自発性」

　「保育内容」は、子どもの発達を5つの側面から考えた「ねらい」を達成するために、幼稚園での生活全体をとおして、子どもが環境にかかわって、具体的かつ総合的に経験できるように、保育者が指導していく中味である。そして、そのためにはどのような指導方法をとるのか、という「保育方法」の検討が必要となる。

保育方法の原則は、幼児が主体的・自発的にやりたいと思うような状況をつくることである。「どうしたら子ども自らがやりたくなるか」を、どれだけ保育者が考えられるかという力量が求められる。

　幼稚園教育の基本が、環境をとおして行うことや遊びをとおしての総合的な指導であるということは、子どもの中に「楽しかった」「もっとやりたい」という気持ちを感じることが重要であることを示している。「子どもが自らやってみたくなる」環境が、保育方法の基本であり重要である。

2　一人ひとりを大事にする

　保育は「子どもに、何を、どう身につけさせるのか」ということではない。目の前にいる一人ひとりの子どもの実態に沿った、一人ひとりの思いに寄り添い、その子どもの良さや可能性を引き出すような保育者のかかわりを大事にしなければならない。

　つまり、子ども理解を深めつつ、目の前にいる子どもたちの思いを実現していくためにはどうしたらよいか、子どもの実態から保育を構想していくことが必要になる。

　しかし、どの保育場面にも通用するような優れた保育方法があるわけではない。一見優れて見えるものであっても、すべての子どもの実態に沿うわけではない。保育方法は、状況に応じて柔軟に考えていく必要がある。

　幼児の発達はさまざまな側面をもっており、経験によってさまざまな様相を見せて成長していく。それぞれの子どもによって得意なことや苦手なこともあり、発達がアンバランスな姿も見られる。

　「できないこと」に注目して指導しようとするのではなく、一人ひとりの子どもの個人差や経験差を考慮し、その子らしさを大切にしていくことが重要である。

　保育者は、さまざまな条件のもと、目の前の子どもの姿から、発達の理解を深め、状況に応じてかかわる力や保育をつくり出していく力を身につけ、実践力をつけることが求められる。

【参考文献】

諏訪きぬ編『幼稚園実習ガイドブック』新読書社、2009年

平岡弘正監修・著、森元眞紀子・小野順子編著『改訂版 幼稚園教育実習――準備と自己評価で実力をやしなう』ふくろう出版、2014年

森上史朗・小林紀子・若月芳浩編『保育原理〔第3版〕』ミネルヴァ書房、2015年

神長美津子・塩 美佐枝編著『保育方法』光生館、2015年

（森 希理恵）

第11章 実習日誌

第1節 実習日誌の重要性

1 実習日誌とは

　実習日誌とは、学内で学んだ座学や実技を実際の幼稚園に行き体験を通し確認をし、さらに学んだことを時系列に沿って子どもの登園から降園までを記録するものである。

　この日誌には実習で経験したこと、考えた事、学んだことを毎日記録していくものであるが、そこにはその場面場面での保育の環境構成、子どもの活動、保育者の援助・留意点、実習生の動き・気づきなどを記入していく。それに加え、実習生自身が学んだ保育観や考察したことも整理しながら記録していく。

　このように実習日誌は実習において学んだ総合的な記録という役割を果たすものである。

2 なぜ実習日誌を書くのか

　学生が実習を行う前に、いちばん不安に思っていることを聞いてみると、その答えの中に必ず「実習日誌の書き方」という答えが返ってくる。実習を経験している先輩の話を聞いて「実習日誌を書くのはたいへんだ」というイメージが最初からあるようである。確かに「書く」ということになれていない学生にとっては、たいへんなのかもしれない。

　では、なぜこのようなたいへんな思いをして書かなければならないの

だろうか、簡単に説明してみたい。
　①保育者は子どもたちに対し、さまざまな場面で生き生きとした活動になるように配慮や言葉掛けを行っている。保育者がどのような場面でどんな援助を行っているかを記録することにより、実習生自身が具体的な子どもに対する援助の仕方や言葉かけを振り返ることができ、よりよい学びが可能になる。
　②記録を残すことにより、日々の実習で、感動したことや体験したことや得た知識を忘れることがない。
　③記録を見ながら実習後のふり返りを行うことにより、具体的に詳細な指導を受けることが可能になる。
　④記録を残すことにより、いつでも読み返すことが可能であり、今後の実習や保育者になったときの大変重要な参考資料となる。
　このように日誌を書くことは意味のあることで、必ずその日のうちに書くものである。後で思い出して書こうとしても時が経ってしまうと記憶が不鮮明になり、正確な記録は書けなくなってしまう。そのことを頭に入れその日のうちに記録を整理し、まとめておくことが重要である。

第2節　実習日誌に何を書くのか

　実習日誌には決められた項目を記入するところが何カ所かある。この形式については養成校によって、また、実習に行く園によって違いがある。実習先の保育の形態によって書き方に違いがあるということが考えられるが、ここでは基本的な書き方について説明をしていきたい。

1　書き方の形式について

　書き方の形式としては、**図表11-1**のような形式で、記入する。

図表11-1　日誌の書き方の例

月　　日（　） 天候	組 歳児 ①	男児　　名 女児　　名	欠席 名 ②
本日の実習のねらい			③
中心となる活動			④
時間 ⑤	環境構成 ⑥	子どもの活動 ⑦	保育者の援助・留意点 ⑧	実習生の動き・気づき ⑨
〜〜〜	〜〜〜	〜〜〜	〜〜〜	〜〜〜
感想・反省			⑩

出典：筆者作成

　日誌に書く内容は、形式の場所の欄に①〜⑩と番号をふった箇所に、以下に説明する内容でそれぞれ記入していく。

①組・年齢
　その日に入ったクラスの名前・年齢を書く。

②出席児の数
　男女別の人数を把握することによって、男女の遊びの違いが理解できることからこのような欄にした。最近では園によって男女別を廃止し、混合で記入する場合があるため、そのようなときには園に従って記入することが望ましい。

③本日の実習のねらい
　実習生自身がその日一日、実習において何をねらいとするかを考えて記入する。ねらいを立てることにより、その日一日をどのようなことを中心に学ぶかの視点が定まってくる。ねらいは実習の各段階（観察・参加・責任）ごとに変わってくるのでその意味を把握し、立てる必要がある。

＜ねらいの立てかたの実習段階別の視点＞

【観察実習】

　　子どもの活動や様子、保育者の動きなどを観察することが目的となる。

　　そのため、積極的に子どもとかかわるというよりは様子を観察することをねらいの視点とすることが望ましい。

〔例〕・園生活の一日の子どもの様子を観察する。
　　　・主活動時の保育者の子どもに対する援助の仕方を観察する。

【参加実習】

　　参加実習においては観察をすることが主眼に置かれる観察実習から進んで、保育や子どもの活動の中に参加していくことが目的となる。

　　そのため、保育に参加することでどのようなことを学びたいかを具体的に書くことが望ましい。

〔例〕・一日の園生活の中で子どもと一緒に遊ぶことをとおして、子ども同士のかかわり方を学ぶ
　　　・一日の保育の主活動の時間の中で一人ひとりに応じた言葉かけや、援助を行う。

【責任実習】

　　責任実習においては実習生本人が責任を持って子どもたちを保育することが目的となる。

　　そのため、責任実習を行う中で子どもたちがどのような経験をし、どのような思いで活動をしているかということが大きなねらいとなる。

〔例〕・一人ひとりの子どもの思いを理解し受け止め、活動を進める。
　　　・製作活動の中で子どもが楽しんで行えるような言葉かけを行う。

④中心となる活動

　その日一日の中で主となる活動を記入する。観察・参加実習の場合は、配属されたクラス担任の先生に主活動が何かを聞き、その活動を記入する。

⑤**時　間**

　一日の保育の流れを時間の流れに沿って書く。その流れの中には活動の区切りとなる時間があり、その区切りごとに時間を記入していく。

　例えば、登園、朝の集まり、主活動、お弁当、午後の自由遊び、お帰りの時間というように大きな区切りで時間を記入するようにする。数分ごとの詳細な記入は必要ない。また、その際に活動に入る前の遊んだあとの片付けやお弁当を食べるときなどに、子どもたちがどのくらいの時間を要したのかを知るために、その活動の始まりの時間と終了する時間は記入しておくとよい。

⑥**環境構成**

　ほとんどの実習日誌は、環境構成の欄は子どもの活動の前にあるものが多い。これは、「環境をとおして行う保育」の重要性が幼稚園教育の基本に書かれており、その考えを原則としていることからと考えられる。

　保育者は、日々の子どもの姿を見ながら場面場面に応じた環境設定をしている。

　「子どもにとって生き生きとした活動にするためにはどのような環境を構成したらよいか」「遊びを発展させるための環境はどうしたらよいか」「朝の活動を行うためにどのように先生が立ち、子どもに並んでもらえば子ども一人ひとりの顔や反応を見ながらスムースに行えるか」「活動や遊びを行うための準備をするものは何をどのくらい用意すればよいのか」など、保育

図表11-2　図式化の記入例

　　　　ロッカー

ピアノ　　保育者●　　大型積み木

　○○○○○○○○○○
　○○○○○○○○○○
　　子どもたち

ままごとコーナー

出典：筆者作成

者は考えながら環境を設定しているのである。

　このように保育者のさまざまな意図や思いが込められているため、確実に記録することにより、今後の実習や保育の参考となる。どの場面で、どのような環境設定をするかということを記入することで、子どもの活動が、よりよいものになるということを学ぶことができる。

　また、保育室の環境や先生の立ち位置、子どもの位置、机の配置などは図式化して記入すると、より分かりやすい（**図表11-2参照**）。

⑦子どもの活動

　この欄には登園から降園するまでの子どもの遊び、活動、言動などを記入する。実習日誌はその日のことを振り返るのであるが、過去形ではなく現在形で記入する。

　ここには時間の流れに沿って子どもの動きを書くのだが、大事な要点をなるべく簡潔に記入するようにする。

　例えば、書き出しの部分には「〇」や「◎」をつけて見やすく、読みやすいようにする。この時の語尾は、「……する」という動詞の終止形で結ぶようにする。大きな見出しを「◎」で書いた後は「・」を使用し、その見出しの時間に行った子どもの活動や言葉を記入するようにする。

　また、実習生が書くため主語を間違えることがあるが、この欄には《子どもが主語》になるように記入する。

　　　〔例〕　◎登園する
　　　　　　・「おはよう」の挨拶を元気良くし、身支度を整える。
　　　　　　・シール帳にシールを張る。
　　　　　　〇自由遊びをする。
　　　　　　（室内）・おままごとごっこ・大型積み木
　　　　　　（園庭）・砂遊び・ブランコ・滑り台
　　　　　　◎片付けをする。

⑧保育者の援助・留意点

　保育者が子どもの日々の活動に対し、その時々でどのような配慮をし、言葉かけや援助をしているかを記入する。

図表11-3　保育者の援助・留意点

子どもの活動	保育者の援助・留意点
◎登園する………………→ ・「おはよう」の挨拶を元気よくし、身じたくを整える。 ・シール帳にシールを貼る。 （対応させる） ◎自由遊びをする。………→ 　（室内）・ままごと遊び 　　　　・大型積み木 　（園庭）・砂遊び 　　　　・ブランコ 　　　　・すべり台 ◎片付けをする。…………→	○登園してきた子どもに笑顔で、「おはよう」の挨拶をし、身じたくを整えるよう声をかける。 ・子ども一人ひとりの視診をする。 ・シール帳にシールを貼ることを忘れないよう声をかける。 ・身じたくを整えたら保育室か園庭で遊ぶよう声をかける。 ○楽しく安全に遊ぶことができるように室内と園庭を行き来する。 ・十分に安全に気をつけながら一緒に遊ぶ。遊びの見つからない子どもには声をかけ、一緒に遊ぶ。 ○片付けをするよう声をかける。

出典：筆者作成

　子どものその時々の動きの変化により、保育者がどのような言葉かけを行い、どのような動きをしているかを確実に読み取り記入する。なんのためにこのような言葉かけをし、援助したのかを考えながら記入することにより保育者の意図が理解できるようになってくる。そのため、⑦「子どもの活動」の欄に対応しながら書くようにすることが重要である。

　この⑧の欄は《保育者が主語》となるように記入する。また、子どもが主体的に動くことが前提であるため、「〜させる」という言葉は記入してはならない。　〔例〕　✕「片付けさせる」→○「片付けるよう促す、片付けるよう声をかける」

⑨実習生の動き・気づき

　この欄には、実習生自身が経験したその日の動きや気づいたことを記入する。実習生としてその日どのように動いたり、子どもとかかわったりしたか、それによってどんなことに気づいたか、ということを時間の

流れに沿って記入する。

　また、当然であるが、《実習生が主語》になるように記入する。
　　　〔例〕　自ら登園してきた子どもに明るく笑顔で「おはよう」の挨拶をする。
　　　　　　・身支度がうまく整えられない子どもに対して手助けをする。
　　　　　　・砂遊びを一緒にするが、子どもの作成している形が最初のうち、
　　　　　　　おにぎりなのかお団子なのか分からず、声掛けにとまどってしまった。

　このように、実習生の動きをありのまま記入するだけでなく、その時の驚きや戸惑い、子どもの手助けの仕方で分からなかったことなども記入しておくようにすると良い。

　すでに述べたように、記入するときには、⑦「子どもの活動」、⑧「保育者の援助・留意点」、⑨「実習生の動き・気づき」の３つの欄が、時間の流れに沿って、それぞれ対応して書かれていることが大切である。

　⑩感想・反省

　この欄には、その日感じたことを、実習の体験を通して素直に書くことが大切である。その時に、ただ、「子どもたちと思い切り遊ぶことができ、楽しそうにしていたのでとてもうれしかった」ということではなく、思い切り遊んだときに子どものどんなところに気づき、どんなことに興味があったのかを具体的に書くことが必要である。

　　　〔例〕「日頃から体を動かすことが好きな子どもたちであるため、鬼ごっこを提案し、一緒に遊んだところ、走り回る子どもの生き生きした姿を見て、子どもの興味・関心に即した提案をすると、こんなにも楽しそうなのだということ気づき、とてもうれしかった」

　以上のように記入すると、より具体的で後から読み返した時にも、理解しやすい。反省は、実習生自身の子どもとの遊びや活動においてのかかわりや担任保育者の手助けの仕方など実習中のさまざまな場面をかえりみて考察し、そのことについて自分自身で評価したことを記入する。

　また、その日に立てた自分自身のねらいに対し、それが達成できたか、もしくはできなかったか、それによってできなかった場合には、なぜそれが達成できなかったかを具体的に記し、翌日の実習へとつなげていく必要がある。

3　実習日誌の記入例

6月15日（木） 天候　　晴れ		すみれ組 4歳児	男児　14名 女児　14名	欠席 2名
本日の実習のねらい		・幼稚園の生活の一日の流れを知る。 ・子どもとのかかわりから一人ひとりのこどもを観察し、理解する。		
中心となる活動		引っかき絵を描く。		
時間	環境構成	子どもの活動	保育者の援助・留意点	実習生の動き・気づき
09:00	ロッカー ピアノ ままごと	◎登園する ・「おはよう」の挨拶をし、荷物の整理をし、身支度を整える。 ・シール帳にシールを貼る。 ・自由遊びをする。 〔室内〕 　ままごと 　大型積み木 〔室外〕 　砂遊び 　ブランコ 　すべり台	○登園してきた子どもに「おはよう」の挨拶をし、視診を行う。 ・身じたくと荷物の整理を行うように言葉をかける。 ・シール帳にシールを貼るよう促す。 ・身じたくの整った子どもに自由に遊ぶよう言葉をかける。 ・室内と園庭を行き来しながら、子どもの安全に配慮をして一緒に遊ぶ。	・登園してきた子どもに笑顔で挨拶をする。 ・身じたくのうまくできない子どもの援助をする。 ・シール帳にシールがうまく貼れるかを見守る。 ・子どもたちと一緒に遊びながら、遊びの様子を見る。 ・保育者の動きと言葉かけを観察する。

（↓次のページへ続く）

(↓前のページより続く)

〔時間〕	〔環境構成〕	〔子どもの活動〕	〔保育者の援助・留意点〕	〔実習生の動き・気づき〕
			・友だちと遊べない子どもには声をかけ、一緒に遊ぶ。	・友だちと遊べない子どもへの保育者の援助の仕方を見る。
10:00		◎片付けをする ・数人が遊んでいてなかなか片付けられない。	・片付けの声掛けをする。 ・遊びに夢中になっている子どもに対して「面白いことをするよ」と声をかけ、片付けをするよう促す。 ・手洗い、うがい、排泄(はいせつ)の声掛けをする。	・子どもたちと一緒に片付ける。 ・片付けのはかどらない子どもの片付けの手伝いをする。 ・手洗い、うがい、排泄の様子を見る。
10:20		◎朝の集まりに参加する。 ◎「おはよう」の歌を元気よく歌う。	・朝の集まりの声掛けをする ・「おはよう」のピアノを弾く。	・落ち着いて参加できるよう子どもたちを援助する。 ・子どもたちと一緒に歌を歌う。

出典：筆者作成

第3節 考察とエピソード記録

1 まとめとしての考察

　実習の目的は、養成校で学んだ座学や実技と実習を行って実際の保育現場で学んだことを関連させることにより、保育者になったときによりよい実践ができるようにすることである。そのためには、実習をとおして学んだことをふり返り、それについて深く考えることが必要である。

(1) 日々の実習日誌を読み返し、その内容について考察する

　日誌を読み返すことによって日々、学びの変化を捉えることができる。自分自身の保育観や子ども観がどのように変わったか、変わらなかったかを考え、変わったのであればなぜ変わったのか、日誌を見返し、保育者の子どもに対する援助や主活動の行い方から考えていくようにし、それを明確にすることが必要である。

(2) 実習において学んだ過程をまとめる

　実習中は日々、子どもに対する保育者の言動により子どもが生き生きと活動することなどを目の当たりにし、さまざまなことを学んできたであろう。その中で、実習生自身が感動したことや考えさせられたことを、時間の流れに沿って、その過程を記していくことで深い考察ができてくる。これが、今後のよりよい保育者として成長する大きな糧となる。

2 エピソード記録とは

　実習日誌によっては、その日のエピソードを記入する欄のあるものがある。これは、実習を行う日々の中で、特に印象に残ったことについて保育者の援助の仕方や言葉かけ、子どもの活動や言葉について、どうしてそのような行動に出たのか、言葉が出たのかを推察しながら、詳細に記録したもののことを言う。

〔エピソード記録の事例〕——私が代わってあげる——

　自由遊びをしているときのことである。RちゃんとSちゃんがブランコに乗っていた。そこにCちゃんが来て、「かーわって、私もブランコのりたい」とRちゃんに言った。Rちゃんは、「まだ私、乗ったばかりだもの」と言って、代わってくれない。何度かその言葉を繰り返していたが、代わってくれないため、Cちゃんは泣きながら、或る担任の先生の所へ行った。

　先生は、Cちゃんとブランコの所へ来て、「ねえ、Rちゃん、Cちゃんがブランコに乗りたいのだって。代わってあげたら？」「だって、まだ乗ったばかりなのだもの」「そうなの？　でも、もう少しでお遊びの時間が終わってしまうのだけれど」

　この会話を聞いていた隣のブランコに乗っていたSちゃんが、「私が代わってあげる」と言って、ブランコを降りて代わってくれた。それを見ていた先生は、「Sちゃん、えらいわね、お友だちの乗りたいっていう気持ちがよく分かって。先生、うれしいわ」と、周りにいる友だちの前で、褒めた。友だちは、「ほんとうにやさしいね」と口々に言っていた。それを見ていたRちゃんは、ばつの悪そうな顔をしていた。

　その日の午後の遊びの時に、Rちゃんはブランコに乗っていたが、Tちゃんが来て「代わって」と言うと、快くすぐに代わってあげていた。それを見ていた担任の先生はすかさず、「Rちゃん、えらかったわね、お友だちに譲れたのね」とすぐに褒めていた。Rちゃんは、とてもうれしそうであった。

　私は、この先生の対応の仕方に、とても感動した。譲れない子どもを叱るのではなく、譲った子どもを皆の前で褒めることによって、譲れなかった子どもの心にも響き、自分自身で譲ってあげようという気持ちが芽生えたのである。私も、このように子どもの気持ちに立って、言葉をかけてあげられる保育者になりたいと思った。

　一つの感動した出来事を生の言葉を加えて記入するのは、実習日誌のスペースの中ではとても困難である。そのため、このような「エピソード記録」を記入する場所を別に工夫してつくっておくと、そこで詳細を記入できるので、たいへんに有効な手段であるといえる。

【参考文献】

石橋裕子・林幸範編著『幼稚園・保育所・児童福祉施設等実習ガイド』同文書院、2013年

相馬和子・中田カヨ子編著『幼稚園・保育所実習 実習日誌の書き方』萌文書林、2004年

実習ガイドブック編集委員会編著『ポイントで解説幼稚園・保育所・福祉施設実習ガイドブック』みらい、2004年

(福山多江子)

第12章　指導案の作成

第1節　教育課程の理解

　「教育課程」とは、一般的に、「教育の目的や目標を達成するために、教育の内容を子どもの心身の発達に応じ、教育時数との関連において総合的に組織した教育計画」のことである。

　実習生は、幼稚園での教育実習に臨んだとき、「見学・観察実習」「参加実習」と進み、「責任実習」を経験することになる。その際、教育実習生は、必ずしも、幼稚園独自に作成された教育課程を見る機会があるというわけではなく、「年間指導計画」（幼稚園が教育課程に基づいて年度ごとに立案した具体的な計画）から、教育課程を理解しなければならないことが多い。

　ここでは、「幼稚園教育要領」に基づいて編成されたA園の「教育課程」の一部を事例として、教育課程と指導案との関係を見てみることにする（図表12-1）。なお、この事例は、5歳児（2・3年保育）が在園する3年間の教育課程のうちの最後の1年間を6期に分けたもののうち、Ⅰ期（4月2週目からの6週間）とⅡ期（5月4週目からの9週間）を抜粋したものである。これに基づいて、「教育課程」の編成の仕方を理解することにしよう。

　最上段に書かれた「幼稚園の生活を楽しみ、意欲的に行動する」等が、5歳児の「学年の重点目標」のうちのⅠ期とⅡ期で、教育課程の編成に不可欠な「目的」（「学校教育法」第22条に定められている幼稚園の目的）を実現するために、各園が独自に設定した具体的な「目標」である。

図表12-1　5歳児（2・3年保育）教育課程表の一部（4月～8月まで）

学年の重点目標「幼稚園の生活を楽しみ、意欲的に行動する」		
期	Ⅰ《大きい組になったよ》	Ⅱ《○○ができるようになりたい》
月	4月2週～（6週）	5月4週～（9週）
子どもの姿	・5歳児学級になったことが嬉しくて、生き生きと行動する子どもが多い。新入園児を迎えると、登降園時に手をつないだり、身支度の世話をしたり、遊びに誘ったりし、優しくかかわりながら自分の成長を確かめている。 ・飼育動物の世話や遊具の片付けなど、園全体の仕事を当番として行うことに興味を持って取り組み始める。 ・園庭の草花で花束や色水を作ったり、虫を集めて住処を作ったり、家庭から持ってきた虫や小動物に餌をやったりしている。多くの子どもが興味を持ち、自分の経験や知識を互いに言い合っている。また育てている花や野菜に水をやったり生長の様子を友だちと比べたりしている。 ・新しい遊具に興味を持ち積極的に取り組んだり、いろいろなごっこを戸外、保育室、テラスなどで展開させたりするなど、友だちと誘い合ってしたい遊びを楽しんでいる。 ・小学生との交流活動やなかよしのじかんにも興味を持ち、回数を重ねることで親しみを持ってかかわるようになる。	・戸外で活発に遊ぶ中で、いろいろな運動遊びに挑戦して自分の力を試し、できるようになったことを喜んでいる。 プールでは、いろいろな遊び方を楽しむとともに、泳ぐことにも興味を持ち、ビート板を使って体を伸ばしたり、顔をつけたりすることにも挑戦しはじめる。 ・ザリガニ、カタツムリなどに餌をやったり、カブトムシやチョウの成長の様子に興味を持ったり、夏野菜の水やりを進んでしたりするなど、興味を継続して観察している。 ・共通経験したことを基に、教師や友だちとイメージを共有して遊びを展開している。グループで協力して遊びを進めることを体験し、遊びに年中・年少の友だちを誘うことを喜んでいる。 ・園内キャンプに向けて自分たちで準備を進める中で、自分なりに見通しを持って楽しみにしている。 ・小学生の友だちと一緒に遊んだりお弁当を食べたりする中で、親しみや憧れを持つ子どもも増えてくる。 ・遊びで楽しかったことや新しく発見したこと、自分の作ったものなどを学級全員の中で発表することを喜んでいる。友だちの発表を見たり聞いたりすることで、言葉での伝え方がだんだん上手になってくる。
ねらい	・年長組になった自覚と喜びを感じて、いろいろなことを自分から進んでやってみようとする。 ・異年齢の友だちに親しみを持ってかかわる。 ・春の自然に親しみ、遊びに取り入れる。	・自分なりのめあてを持って、積極的にいろいろな遊びに取り組む。 ・友だちと一緒に遊びに必要なものを準備し、相談しながら遊ぶ。
内容	・当番の仕事に興味を持って、先生や友だちと一緒にしようとする。 ・新入の友だちや小学生など異年齢の友だちに親しみを持って活動に取り組む。 ・目新しい遊具や用具を試したり、自分なりのめあて持って取り組もうとしたりする。 ・春の自然に触れて親しみ、いろいろなことを発見したり、予想を持って試したり考えたりして遊ぶ。 ・相手の話を注意して聞き、相手にわかるように話す。	・自分なりにめあてを持った遊びに継続して取り組む。 ・プールで顔をつけたりもぐったり泳いだりすることにも意欲的に取り組みながら、水遊びを楽しむ。 ・自分なりのめあてや見通しをもって協同活動に取り組む。 ・「みんなへのおしらせ」の中で、相手の話を聞いて、その内容について尋ねたり答えたりしようとする。 ・身近な材料・用具を使って、いろいろなものの特徴を生かしながら工夫して作る。

出典：奈良女子大学附属幼稚園編『教育課程・指導計画』2013年、pp.31-32

2段目に記されている「Ⅰ《大きい組になったよ》」と「Ⅱ《〇〇ができるようになりたい》」が、いわゆる「期の目標」と言われるもので、「重点目標」を期別に表したものである。
　その次に示されている「子どもの姿」は、幼児期の発達の特性を踏まえて、幼稚園が独自に定めた理想的な子どものあり方であって、「各園が目標とする望ましい子どもの姿」を表している。その次の「ねらい」は、この「期の目標」を「生きる力の基礎となる心情・意欲・態度」に分けて具体的に設定した教育目標である。

第2節　指導計画の実際

　一般的に、「教育課程に基づいて保育の目標や方針を具現化した実践計画」が「指導計画」と呼ばれるもので、大きく「長期指導計画」（年・期・月）と「短期指導計画」（週・日）に分けられる。教育課程とこれら複数の指導計画との関係を（評価との関係を含めて）分かりやすく示したものが**図表12-2**である。
　この図表によれば、長期指導計画は、幼稚園全体が教育課程に基づいて立案するものであるのに対して、短期指導計画は、担当保育者が実際の子どもたちの様子に応じて、その週の活動の流れや、一日の活動を見定めて、立案するものである。
　「指導案」とは、「短期の指導計画としての週案や日案の中で、部分的な保育の展開をていねいに記述し、保育の目

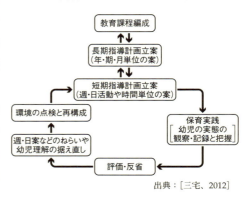

図表12-2　教育課程と指導計画の関係とフィードバック過程

出典：［三宅、2012］

標やねらい、指導内容、時間や指導の展開、導入、指導上の留意点などが記載される案のこと」ということになる。

以下、A園が立案した指導案の実例を、「期間指導計画」「週間指導計画（週案）」「日の指導計画（日案）」の順に、相互の関係を視野に入れながら、紹介することにする。最初に示すのが、5月の4週目から9週間にわたるⅡ期の「期間指導計画」である（**図表12-3a**、**図表12-3b**）。

図表12-3a「幼児の姿」は、「年間指導計画」（教育課程に基づいて年度ごとに立案された具体的な計画）に記された「幼児の姿」を、①幼児の遊びへの取り組み（幼児は何に興味を持ち、どのような遊びを楽しんでいるのかを捉える視点）、②友だちとのかかわり（仲間関係の現状を捉える視点）、③日常生活場面（さまざまな活動の中での幼児の育ちを捉える視点）、④異年齢とのかかわり（小学生の友だちと遊んだり、年少児の世話をしたりしているかを捉える視点）の観点から、より具体的に記述したものである。この「幼児の姿」は、「子どもの望ましい姿」を予想して、保育者がどのような教育的意図をもって、子どもとどのようにかかわるかをシュミレーションする出発点となるべきものとしてきわめて重要である。

また、**図表12-3b**で特に重要な欄は、「環境構成のポイント」である。「環境構成のポイント」は、「期間指導計画」ではじめて出現する項目である。保育者が、「ねらい」を実現するために、子どもとのかかわりの中でどのような教育的意図・配慮を発揮するべきかを示す保育デザインで、「（幼児が）～するように（心情・意欲・態度を獲得するように）、（保育者が）～する（配慮・援助をする）」という図式で表現されることが特徴である。

次に示すのが、3年保育5歳児のⅡ期の5週目・6週目（6月3週目・4週目）の「週案」である（**図表12-4**）。「週案」は学年の担当保育者が協議し、「期間指導計画」に基づいて立案するもので、「週のねらい」「環境構成及び指導のポイント」「活動内容の例」「行事」という4つの要素から構成されている。

図表12-3a　5歳児Ⅱ期9週間の期間指導計画

	2・3年保育5歳児　Ⅱ期　9週（5月4週〜7月3週）
幼児の姿	○遊びへの取り組み ・戸外で活発に遊び、こまなし自転車や一輪車に挑戦する子どもが増えてくる。すでに乗れている子どもが乗り方を教えたり応援したりするとともに、競い合ったりする姿も見られる。 ・鉄棒で前回りや足ぬき回りをしたり、のぼり棒やうんていをするなどのほか、とび箱や立ち幅跳びなどに挑戦して、自分の力を試し、できるようになったことを教師や親に伝えともに喜んでもらえることが嬉しいようである。 ・ルールのある遊びに好んで取り組む姿が多くなる。負けても怒ったり、すねたりしないで最後までやり通せる子どもが多くなって、繰り返して取り組み、勝つためにがんばろうとするようになる。 ・室内遊具に取り組む子どもが増えてくる。オセロなどの新しいボードゲームも楽しめる子どもが増えてくる。プラパズルではいろいろな組み合わせ方を考えたり、48片ほどのピクチャーパズルも最後まで仕上げられるようになる。 ・プールでは、いろいろな遊び方を楽しむとともに、泳ぐことにも興味を持ち、ビート板を使って体を伸ばしたり、顔をつけたりすることにも挑戦し始める。 ・家から持ってきたザリガニ、カタツムリに餌をやったり、カブトムシのサナギの変化に興味を持って観察するとともに、年中組の時に植えたタマネギ、ジャガイモ、イチゴを収穫したり、キュウリ、トマトの苗を植えて水やりなども進んでしたりするようになる。 ○友だちとのかかわり ・共通経験したことを基に先生や友だちとイメージを共有し遊びを展開している。グループで協力して遊びを進めることを体験し、年中・年少の友だちを遊びに誘うことを喜んでいる。 ・いくつかのグループが次々に遊びに加わって、大きな集団として遊びを楽しんでいることもある。反面、仲良しの友だちが固定化していて、遊びの幅が広がりにくい子どももいる。 ○日常生活場面 ・身支度、後片付けなどが手早くできるようになり、幼稚園での時間を自分の好きな遊びのために効率よく使うことができるようになってくる。 ・グループの友だちと一緒にする当番の仕事の手順を覚え、一週間続けてできる子どもが増えてくる。 ・園内の適当な場所を見つけて、仲良しの友だちと一緒に間食や弁当を食べたりすることを楽しんでいる。 ・健康診断を受けたり、交通安全教室に参加することで、自分の体の健康や身の回りの安全に関心を持ち始める。 ・園内キャンプに向けて自分たちで準備を進める中で、自分なりに見通しを持って楽しみにしている。 ・遊びで楽しかったことや新しく発見したこと、自分の作ったものなどを学級全員の中で発表することを喜ぶとともに、友だちの発表を見たり聞いたりして、友だち知らせたいことを言葉で伝えようとする気持ちが育ってくる。 ○異年齢とのかかわり ・小学生の友だちと一緒に遊んだりお弁当を食べたりする中で、親しみや憧れを持つ子どもも増えてくる。

図表12-3b　5歳児Ⅱ期9週間の期間指導計画

	〈○○ができるようになりたい〉
期のねらい	○自分なりのめあてを持って、積極的にいろいろな遊びに取り組む。 ○友だちと一緒に遊びに必要なものを準備し、相談しながら遊ぶ。
内容	・自分なりのめあてを持った遊びに継続して取り組む。 ・プールで顔をつけたりもぐったり泳いだりすることにも意欲的に取り組みながら、水遊びを楽しむ。 ・年中・年少の友だちを自分たちのごっこに誘い、一緒に遊んだり世話をしたりする。 ・自分なりのめあてや見通しを持って、協同活動や園内キャンプに取り組む。 ・身近な自然に触れて試したり、考えたりしながら遊ぶことを楽しむ。 ・虫や小動物、栽培している草花や野菜の世話を進んでする。 ・「みんなへのおしらせ」の中で、相手の話に興味を持ち、話の文脈に沿って尋ねたり答えたりしようとする。 ・砂、土、水などの感触を味わいながら、のびのびと全身で楽しむ。 ・身近な材料・用具を使って、いろいろなものの特徴を生かしながら工夫して作る。
環境構成のポイント	・マット、鉄棒、とび箱などを身近な場所に置き、興味を持った時に安全に遊べるようにしておく。また、自分なりのめあてを持って取り組めるように、目安を示しためあてカードやシールなどを用意しておく。 ・自分のめあてを持って取り組んでいる遊びには、満足するまで試したりがんばったりできるように十分な時間をとる。 ・遊びの偏りがちな子どもが他の遊びにも関心を持てるように、いろいろな室内遊具やボードゲームを目につく場所に置いたり、教師が誘いかけたりする。 ・子どもたちの驚きや疑問などを受けとめ、共感したり一緒に考えたりするとともに、試したり考えたり確かめたりできるような材料や用具を、子どもの遊びに合わせて提供する。 ・虫や小動物などを飼育するときには、誕生の不思議さや育てる喜びが味わえるように、子どもたちが世話や観察のしやすい場に置く。 ・楽しいごっこ遊びが展開できそうなときは、一人ひとりのイメージや思いを気軽に出し合える雰囲気を作る。また、役割や遊び方などをよく話し合って、必要な材料や用具を子どもと一緒に準備する。

出典：12-3a、b（2点とも）奈良女子大学附属幼稚園編『教育・指導計画』、2013年pp.138-139

第12章● 指導案の作成

図表12-4　5歳児Ⅱ期6月5週、6週の週間指導計画

	5週（6月／3週）	6週（6月／4週）
週のねらい	○身近にある材料・用具を使って考えたり、試したりして遊ぶ。 ○飼育している虫や小動物に興味を持って見たり、世話をしたりする。	○水に親しみ、プールで元気に遊ぶ。 ○園内キャンプのスケジュールや話を聞いたりして、園内キャンプに期待を持つ。
環境構成及び指導のポイント	・プールの清掃に使う用具をそろえ、気温の高い日を選んで楽しみながら取り組めるようにする。 ・水遊びでは、木片・くぎ・野菜など身近にある材料・用具を使い、浮かべたりする中で、試したり比べたりできるように、子どもたちと一緒に芝生などに遊びの場をつくる。子どもたちの驚きや発見の喜び、疑問などに共感し、考えが広がるような助言をする。 ・幼稚園や遠足でつかまえたり、家から持ち寄ったりした虫や小動物は、観察や餌やりがしやすいように分類し、飼育箱やたらいなどに入れ、目につきやすい場所に置く。また、わからないことなどは図鑑などで調べることにも気づかせる。 ・なかよしひろばの遠足では、安全面に配慮して下見をしておく。異年齢でのかかわりを見守りながらも、発表の場面などでは各々が活動を楽しめるように、手元につかまえた虫や草花を持たせるなど環境を整える。	・一人ひとりの水慣れの状態を確かめて、めあてが持てるように援助すると共に、ビート板や大型スチロール板などを準備し、浮くための援助をして、元気に取り組めるようにする。 ・今まで親しんできた体操やダンスの曲のカセットを手近に用意し、子どもたちが誘い合って準備体操ができるようにしておく。また、選んだ曲で、体の各部分を十分に動かすように助言する。 ・水を使って遊べるおもちゃが作れるように材料・用具を準備し、自由に取り組めるようにする。子どもが興味を持ちそうなモデルを準備し、作り方などを知らせる。 ・昨年の園内キャンプの映像を保護者とともに見る機会をつくり、自分たちのキャンプに期待が持てるようにする。また、カレー作りの野菜切りにも慣れるように子ども用のナイフを各家庭に貸し出しておく。 ・園内キャンプの生活グループは2学級の子どもたちが混ざるように構成する。看板作りやワッペン作り、チームゲームなどを一緒にして、グループの友だちの親睦を図っておく。
活動内容の例	・プール掃除をする→ 　（たわし、ブラシ、ホースなど） ・水遊びをする→ 　（木片、くぎ、野菜、果物、発泡スチロール片、牛乳パック、ひご、輪ゴム、大型水槽など） ・小動物を飼育する→ 　（飼育箱、たらい、図鑑、ザリガニ、カタツムリ、アオムシなど） ・なかよしひろば（遠足） 　（虫取りをする、固定遊具で遊ぶなど）	・プールで遊ぶ→ 　（ビート板、フープ、大型スチロール板など） ・体操やリズム遊びをする→ 　（「アニメ体操」、「ラララ・ラッセーラ」、「どんぐり体操」、「エビカニクス」など） ・キャンプの準備をする→ 　（グループのワッペンや看板を作る、フォークダンスをする、キャンプの映像を見るなど） ・ゲームをする→ 　（なわひき、開戦ドン、中あてドッジボールなど）
行事	避難訓練	プール開き　誕生会

出典：前掲

　「週のねらい」は、「期のねらい」を、「期」を構成する週数で分割したもので、より具体的な活動をとおして幼児に育つことが期待される心情・意欲・態度を示している。「環境構成及び指導のポイント」「活動内容の例」は、「期」の「環境構成のポイント」「内容」をより具体的に示したもので、「行事」はその週に予定されている活動である。

第3節　指導案作成のポイント

　実習生は、最終的に「部分実習」「一日実習」を担当することになる。この実習は「責任実習」と呼ばれることが多いことからも分かるように、実習生が自らの責任において行うものではあるが、事前に指導教諭との充分な話し合いのもとで指導を受けながら、「指導計画（日案）」を作成することになる。その際、幼稚園で独自に定められている「教育課程」（この場合は3年保育であるから3年分の教育課程）があることを前提として、それぞれの学年の指導計画（特に「週間指導計画」）を踏まえて立案することが重要である。書き方については、各園に独自の様式があるので、柔軟に対応することが必要である。

　次のページに示すのは、3年保育5歳児の6月18日の「日案」である（**図表12-5**）。このA園の場合は、左側に「今週のねらい」と「今週の環境」が記され、その横に、時間軸に沿った「活動の流れ」が登園から降園まで記されている。右側には「好きな遊び（自由選択活動）」について、環境構成を中心とした指導案が、「ねらい」（○部分）と「予想される遊びの様子」（●部分）と「環境構成及教師の援助」（・部分）に分けて、記されている。

　この「日案」の作成上のポイントを「幼児の姿」「ねらい」「幼児の活動の流れ」「内容」「環境構成」「教師の援助」等の順に示すと、次の通りである。

1「幼児の姿」

　前日までの幼児の姿を踏まえて、個々の幼児の育ちやクラス全体の幼児の様子を、次の3つの観点から書く。
　　①「遊び」から捉える（今、幼児たちは、何に興味を持ち、どのような遊びを楽しんでいるのか）。
　　②「人間関係」から捉える（仲間同士がどのような関係にあるのか）
　　③「生活」から捉える（基本的な生活習慣や、マナー、ルールなど規範的な態度が獲得されているか）

図表12-5　6月18日の日案（5歳児つき組）

今週のねらい
○友だちと思っていることを伝え合ったり、遊び方を話し合ったりしながら遊びを進める。 ○身近にある材料・用具を使って考えたり試したりして遊ぶ。

今週の環境
・水の感覚や特徴を感じながら、試したり比べたりできるように、保育室前に水遊びの場を広く設ける。また、子どもの興味・関心に合わせて、必要な材料を用意し、自由に使えるようにしておく。 ・子どもがつかまえたり家から持ってきたりした虫や小動物は、みんなに紹介するとともに、継続して観察できるように飼育ケースに入れて、目につきやすい場所に置く。 ・飼育している生き物の飼育の仕方を子どもたちと一緒に調べたり考えたりしながら育てていけるように、手近な場所に図鑑や絵本を置いておく。 ・教師は子どもの疑問や発見、驚きなどに共感しながら一緒に考えたり助言したりするとともに、一人ひとりの発見を他の子どもにも広がるように援助する。 ・ごっこ遊びやサッカーなどでは、互いの思いが食い違ってけんかになることも多いので、自分の考えを相手にきちんと伝えられているか、相手の話を聞いて考えているかを確認し、子どもと共に解決方法を考えるようにする。 ・同年齢の隣の学級の友だちとも遊ぶ姿が見られているので、その様子を見守りながら、必要に応じて教師も仲間に入って助言を行い、自分の思いをきちんと伝えて楽しく遊べるようにする。 ・暑い日は水分補給をするように声をかけたり、適宜休息を取るように促す。また、運動の合間や昼食後など身体を休められるよう保育室内にパズル類を用意しておく。 ・父の日のプレゼント作りでは、日頃の父親とのかかわりや仕事について話し合い、感謝の気持ちを持って取り組めるようにする。

時間	活動の流れ
8:45	◇ 登園
	◇ 身支度・持ち物の始末 当番活動 ○自分から進んで身支度をする。 ・進んで身支度をしている様子を見守りながら、周りの様子に気を取られがちな子どもには個別に声をかける。 ・当番の仕事を、できるだけグループの友だちと一緒にするように声をかける。
	○ 好きな遊び（自由選択活動） ○水の感触を味わいながら、いろいろなものを使って、試したり比べたりして遊ぶ。 ○友だちに自分の考えを伝えたり、相手の思いを聞いたりしながら遊びを進める。
10:40	◇ 間食 ○先生や友だちと一緒に間食を楽しむ。
10:50	□ 父の日のプレゼントを作る ○お父さんに感謝の気持ちを持ち、プレゼントを作る。 ・昨日までに作ったプレゼントのメモ帳に、お父さんへの手紙や絵をかくことを伝える。お父さんが好きなもの、お父さんへのメッセージなど相手が喜ぶことを考えながらかけるようなヒントを出す。
11:15	◇ 降園準備・当番活動
11:25	□ みんなへのお知らせ 絵本を読んでもらう
	○先生や友だちの話、絵本に興味を持って聞く。 ・今日の遊びで作ったものや楽しかったことなどを、友だちの前で紹介する時間を設ける。 ・子どもたちが見通しを持って活動できるよう、来週の活動を知らせておく。
11:45	◇ 降園

好きな遊び（自由選択活動）の環境構成および教師の援助

ごっこに必要なものを作る
［画用紙、ひも、空き箱、ペン、輪ゴムなど］

警察ごっこをする
［枠積み木、大型床上積み木］

● 積み木を使って警察署の屋根を作ったり、広げたりするなど友だちと相談しながら構成する。また、警察手帳やピストルなど警官になるために必要なものを制作し身につけて楽しんでいる。
・友だちとやりとりしながら遊びを進める様子を見守るとともに、必要に応じて教師も仲間に入りイメージのつなぎ手となるよう援助する。
・積み木の構成では子どもがイメージしているものを実現しようとしている姿を十分に認めるとともに、安全を確認する。
・警察ごっこに必要なものを制作できるように、子どものアイディアを聞きながら材料等用意する。

つき組保育室

パズルやジェンガで遊ぶ
［モザイクパズル、ピクチャーパズル、ジェンガなど］

● 友だちと一緒にすごろくやパズルをしたり、ジェンガで建物や道を作ることを楽しんでいる。また、モザイクパズルではモデルカードを見ながら完成させることに挑戦する。
・友だちとやりとりしながら遊ぶ様子を見守り、パズルが完成したことや、積み木で工夫して作ったところなどを認めたりする。
・モザイクパズルのモデルカードの種類を増やし、完成できた子どもの名前を記入していく。

● 生き物を観察したり、餌をあげたりしてかかわっている。カブトムシの幼虫がサナギになったか観察したり、カタツムリを柱に登らせたりして「カタツムリ競争」をして遊んでいる。
・遊び方の様子を見守るとともに、生き物のかかわり方によっては弱ってしまうことも知らせ、生き物への思いやりの気持ちを育てられるようにする。
・生き物とかかわる中で、子どもの変化への気づきや疑問などを十分に受け止め、教師も一緒に考えたり、図鑑等で調べたりして、育てることへの興味が深められるようにする。

虫や小動物とかかわる。

水遊び・舟作り
［大型水槽、空き容器、プラスチックトレー、ペットボトル、うちわ、輪ゴム。竹ひご、割り箸、牛乳パック、木片、セロハンテープ、ビニールテープ、ガムテープ、はさみ、油性ペン、ストローなど］

● 浮くもの、沈むものを探したり、トレーにいろいろなものをどれだけ乗せられるか試したり、水車を作って水をかけて回すなど、遊びながら水の性質を感じ取っている。
● 舟を作りうちわであおいだり、水車を付けて動くかどうか試したりしながら遊ぶ。
・子どもたちがいろいろなものを使って試したり工夫したりできるように、十分な材料を用意し自由に使えるようにしておく。
・舟に水車をつけてゴムの力で動かす方法を紹介する。ゴムを巻く方向や回数と速さの関係など、遊びながらいろいろな発見につながるように声をかける。
・子どもたちの驚きや発見、疑問などに十分に共感しながら、一緒に考えたり助言をしたりする。また、一人ひとりの発見が周りにいる友だちにも広がるように援助する。

一輪車に乗る

● 友だちの様子を見ながら根気よく練習したり、乗れるようになった子どもは友だちと手をつないで進む、円を描いて進むなど新しいめあてをもって取り組んでいる。
・乗れるようになった喜びに共感したり、認めたりしながら、継続して取り組めるように励ます。

● チームを決めて試合形式で取り組む。キーパーの役割、手を使わない、ゴール後は相手チームから蹴るなどのルールも共通理解してきている。
・ルールの理解のずれなどで、もめることも多いので、自分の気持ちや考えを互いに相手に伝えられるように援助する。

サッカー遊び

↓園庭へ

◇ 日々決まって子どもたちがしている、生活習慣を養う活動
□ 学級全体で行う活動で、基本的な態度・技能・知識などを得たり、協同の目的を達成したりする活動―みんなでする遊び
○ 子どもが園内の環境の中で自由に選択して行う活動―好きな遊び

出典：前掲書、p.38 を基に作成

このとき、幼児に関する事実だけを記録し、保育者が感じたことなど、主観的な記述は行わない。

2 「ねらい」

具体的な活動を通して幼児に育つことが期待される「生きる力」の基礎となる心情・意欲・態度について、幼児を主体として、幼児の立場で記入する。ねらいを具体的に設定することで、教師の指導や援助の方向性や環境構成のポイントが明確になる。

　　[良い例] ○「追う－追いかけられる関係を楽しみ、逃げ切れた喜びを味わう」
　　[悪い例] ×「おにごっこを楽しむ」(どの年齢、発達段階の幼児にもあてはまるもの)

①心情《目に見えない内面的な感情や思い》
　　(味わう、楽しむ、気づく、親しむ、触れ合う、感じる、分かる、思う、喜ぶ)
②意欲《外に向かって湧き出てくる、やってみたいという気持ち》
　　(進んで～しようとする、かかわりを深める)
③態度《意欲を安定して能動的に持続させる力の基盤となるもので、言葉・表情・動作などに現れるもの》
　　(注意して聞く、身に付ける、かかわる、尋ねる、伝え合う、分かるように話す、協力する、大切にする)

　　[良い例] ○「(幼児が)～を楽しむ」《心情》、「(幼児が)～を味わう」《心情》、「(幼児が)～してみようとする」《意欲》、「(幼児が)お話を楽しんで聞く《態度》」
　　[悪い例] ×「(幼児が)～できるようになる」《心情・意欲・態度ではなく、幼児が結果として獲得する知識・技能である》、「(幼児に)～させる」《保育者の指示である》、「(幼児に)～してもらう」《教師の依頼である》

3 「幼児の活動」

保育者が幼児全員に経験させたい一連の活動を、時間軸に沿って、幼児の立場から、望ましい姿として書く。

なお、活動は、毎日繰り返される日常習慣的な活動と、「主活動」と呼ばれるその日の中心的な活動(運動遊び、制作などの「内容」のこと)と、主活動に付随する活動(着替える、話を聞くなど)に区別される。

[良い例] ◯「(幼児が)手遊びをする」「(幼児が)絵本を聞く」「(幼児が)話し合う」「(幼児が)絵を描く」「(幼児が)紙芝居を見る」
[悪い例] ✗「さわがしくなる」「集まらない幼児がいる」など、活動の展開上予想される行動については、「教師の援助と環境の構成」欄に指導上の留意点として書く。
[毎日繰り返される生活習慣的な活動]「登園する」「挨拶(あいさつ)する」「身支度する」「お便り帳にシールを貼る」「朝の集いに参加する」「弁当・給食を食べる」「好きな遊びをする」「手を洗う」「うがいをする」「おやつを食べる」「片づけをする」「ペープサートをみる」「お話を聞く」「降園準備をする」「降園する」

4 「内容」

「主活動」となる中心的な活動のことで、活動(遊び)を先に考えるのではなく、ねらいを達成するためには、どのような経験が必要であるかを考えて、具体的な活動を決定する。なお、「内容」には、「運動遊び」「描画活動」「リズム遊び」「制作活動」「ゲーム遊び」などさまざまな活動形態がある。

[例]「しっぽ取り鬼をする《運動遊び》」「お母さんの顔を描く《描画活動》」「音遊びをする《リズム遊び》」「粘土で好きな動物をつくる《制作活動》」

5 「環境構成」

「環境構成」とは、「ねらい」を達成するための活動に必要な時間、空間、雰囲気、もの(教材・遊具)、人、状況を構想することである。その際、次の2点に留意して、保育者の行動をイメージすることができるように、図示することが望ましい。

①幼児が安全で安心して活動を楽しめるように、遊具、用具、素材の安全を確認し、配置を工夫し、教師と幼児の位置を工夫すること。
②幼児の活動を誘発し、より発展させるように、活動の場を設定し、幼児の発想を受け止めて、環境をつくり変えたりすること。

6 「教師の援助」

「教師の援助」とは、「ねらい」を達成するために教師が行う配慮のことで、次の5点に留意する必要がある。

① 「導入→展開→まとめ」の３段階で構成すること。
② 「ねらい」と関連づけながら、教師の立場で書くこと。
　　（幼児の気持ちを無視した保育者の一方的、強制的な指示や援助にならないようにしたり、幼児の気持を受け止めて幼児の気持に応えたり、幼児のがんばりを認めたり、活動の面白さに気づかせたりすることに留意することが重要である）
　［良い例］〇「〜を見守る」「〜を励ます」「〜を促す」「〜に気づかせる」「〜のがんばりを認める」
　［悪い例］×「〜させる」《強制である》「〜してあげる」《一方的援助である》
③ 幼児の活動の多様性や個別の幼児への働きかけなどをイメージしたうえで、教師として求められることを書く。
　　（「幼児に問いかけながら、楽しい雰囲気で話し合いを進める」など）
④ 予想される幼児の姿に対し、予想とは異なった場合の援助のあり方についても書く。（「〜のような場合には、〜をする」など）
⑤ 具体的な言葉掛けを考えておくことは大切である。
　　（十分検討しておく必要はあるが、指導計画案には記入しない）

　この一日の指導案によって、子どもに対して必要な保育のポイントが整理され、保育者自身が保育の流れをシミュレーションすることが可能になる。

7　ふり返り

　指導案が実践された後には、実習生であっても、自分自身の保育をふり返り、指導案が子どもの発達にふさわしく計画されていたか、具体的な配慮などができていたかなどの反省を「記録」として記述し、次の指導につなげていくことが重要となる。

【引用・参考文献】
奈良女子大学附属幼稚園編「教育課程・指導計画」『研究紀要　第30集』、2013年
三宅茂夫「幼稚園における教育課程」林邦雄・谷田貝公昭監修、高橋弥生編著
　　『保育・教育課程論』一藝社、2012年
谷田貝公昭編者代表『新版 保育用語辞典』一藝社、2016年
文部科学省編「幼稚園教育要領」2008年告示、2017年告示

（岸　優子）

第13章 部分実習のために

第1節 部分実習とは

　一日の保育時間のある一部分を、実習生が担当する。その内容は、担任の先生と相談して決める。その例としては「朝の会」や「絵本の読み聞かせ」「手遊び」「ピアノに合わせて歌を歌う」「主活動の導入」「給食前の導入」「午睡後のおやつまでのつながり」「帰りの会」……など短時間のものから、一日のメインとなる「主活動」を担当する場合もある。

　担当する活動内容の時間の長短に限らずに「導入」「展開」「まとめ」といった指導案を作成する。その指導案が、責任実習（一日実習）の準備段階でもある。

　ここでは、実習生が担当クラスの子どもたち全員で行う活動を、どのようなポイントで設定すれば良いのか、実際の活動例を挙げていきたいと思う。

2　活動の流れ

　保育活動には、時間の長短にかかわらず、次のような流れがある。主になる活動だけでなく、流れを意識して計画を立てなければならない。
　　①導入：主活動に興味関心が持てるようなきっかけ（言葉掛けや活動）
　　②展開：部分実習の主となる活動（主活動）
　　③まとめ：主活動のまとめ

3　主活動の考え方

　部分実習を行う日程が決まったら、クラス全員の子どもたちが楽しめるような活動内容を考えることが必要である。しかし、実習生のその場での思いつきや独りよがりな考えで決めてはならない。
　そこで、次の（1）～（5）までの内容を考えていくことが必要である。

(1) 季節・時期

　季節によって自然が変化するように、子どもの遊びも季節が大きく関係している。そのために、季節ごとにどのような遊びができるのか考えておくことが必要であり、実習生は、日頃から季節感を意識することが大切であろう。
　また、各園で学期ごとの行事や活動に合わせた主活動を考え、行事の導入としてもよいであろう。

(2) 子どもの年齢・発達

　主活動は、年齢や発達に合わせたものにし、子ども自らが主体的に取り組めるものを考えることが大切である。
　例えば、ハサミを使って画用紙を切るという製作遊びを考えたとしよう。その対象の子どもたちは、ハサミを使って活動した経験がどのくらいあるのか、またどのような様子なのかによって題材も内容も援助も変わってくる。安易に、大人目線で「楽しそうだと思ったから……」というような理由で、主活動の内容を決めてはならない。

(3) 子どもの興味・関心

　子どもの遊びは、子ども自ら周りの環境にかかわって、「～したい」と思えるような主体的活動である。この部分実習主活動が、子どもたちの「～したい」という遊びのきっかけ作りの一つであるともいえる。そのため、実習生は、子どもの遊びのきっかけや好奇心につながる見通しを考えて立案することも頭に入れておくことが必要である。

(4) 保育者としての願い

　保育者としての願いは、子どもに「こうなってほしい」「そうすべき」ということではない。保育には、「子ども主体」を考えた環境構成が求められるが、物的環境でも、人的環境にしても、子ども一人ひとりの現在の発達の姿や思い、遊びの様子から、今後の成長の見通しを考えていくことが、保育者の願いを考えた保育なのである。

　具体的には、どのようなことを準備・設定したらその子どもにとって意味のある（興味・関心のきっかけや、その深まり・広がりのある）活動となるのか、その子どもの育ちの過程を考えていくことが必要不可欠である。

　実習生は、現時点での子どもたちの育ちや遊びの姿を見て、子ども一人ひとりの興味・関心の深まり、広がりのきっかけとなるような「主活動」を考えていくことが重要である。

(5) 実習生として得意なこと

　主活動は、先に述べた（1）〜（4）のように「子ども主体」を念頭に置き、考え、設定することが大切である。

　しかし実習生は、現場での経験は初めてのことばかりで、とまどいや不安も大きい。そのため、主活動の内容を考えるときは、今までの毎日の保育の流れを知るため、担当クラスの担任の先生との十分な話し合いが必要となってくる。そして、これまでの保育の流れを考慮したうえであれば、実習生が自分の良さや、自分らしさ、得意なことを少しでも発揮できる内容であってもよい。

　ただし、決して、「実習生主導型」にならないように注意したい。

4　基本的な保育実技

　ここでは、部分実習で実践する機会の多い保育実技について、具体的に例を挙げることにする。これらは「導入」にも「主活動」にも用いられる。子どもたちの遊びのきっかけにもなるため、季節や年齢に合わせることを基本とし、子どもの前で行うときのポイントを記す（130 ページ）。

図表13-1「季節や時季・年齢・子どもの様子から主活動の内容を考えてみる」

9・10月	季節・天候	・だんだん気温が下がりはじめる。 ・台風がつづく。 ・台風以外晴れの日が多く、乾燥してる。(秋晴れ)	虫・花・自然	・こおろぎ ・とんぼ ・コスモス ・きのこ ・ぶどう ・さつまいも	・バッタ ・すずむし ・どんぐり ・梨 ・栗 ・さんま

学年	子どもの姿・生活の様子	絵本	手遊びうた
年少組 (3歳児)	・2学期の始まりで、園で友だちに会えることを楽しみしていた子もいるが、親から離れることを不安に思う子どももいる。 ・遊びの片付けや所持品の始末など、スムーズにできていたことが、夏休み明けのため時間を要する場面も見られる。	『スージーをさがして』 『だるまちゃんとかみなりちゃん』 『あしにょきにょき』 『おでかけのまえに』 『もりのたからもの』 『よーいどん』 『えんそくバス』 『さつまのおいも』 『ねずみのいもほり』	「いとまき」 「グーパー体操」 「あらどこだ」 「せんせいとおともだち」 「どんなかお」 「バスごっこ」 「まほうのハンカチ」 「アブラハムの子」
年中組 (4歳児)	・夏休みの楽しかったことを話す子どもたちや、長い休み明けのため、登園に少し不安な子どもたちもいる。 ・1学期にしていた遊びを保育者や友だちと一緒にすることで、園生活のリズムが徐々に戻り、新しい遊びに挑戦する子どもたちもいる。	『おむすびころりん』 『となりのたぬき』 『やさい』 『たんじょうびのふしぎなてがみ』 『14ひきのねずみシリーズ』 『ぐりとぐらのえんそく』 『きつねのおきゃくさま』 『おおきなおおきなおいも』 『やさいのおなか』	「ぞうさんのつくえ」 「トントンパチパチ」 「おふろだジャブジャブ」 「さるかにかっせん」 「おしょうさんとかぼちゃ」 「なかよしうんどうかい」 「じゃんけんあいさつ」 「どんなおひげ」
年長組 (5歳児)	・夏休み中に体験したことを保育者や、友だちに伝えたり、1学期にしていた遊びを再現するなど、自分なりに蓄えた力を発揮する姿が見られる。 ・2学期の運動会に向けて期待が高まり、さまざまな遊びに挑戦しながら、体をたくさん動かしながら、友だちと力を合わせる競技の楽しさを感じている。	『かいじゅうたちのいるところ』 『だんまりこおろぎ』 『おしいれのぼうけん』 『とべバッタ』 『かいぞく、がいこつ、かいぶつじま』 『パパ、お月さまとって』 『あまいみず、からいみず』 『どうぶつえんのおいしゃさん』	「やさいのパレード」 「でんきそうじき」 「たいことでんわ」 「こぶたさんがおじぎして」 「かきのみみつけた」 「おおかみとこやぎ」 「ごちそうパクリ」 「えんそくバス」

年中行事	・9／1　防災の日　・第3月曜日　敬老の日 ・9／20〜26　動物愛護週間 ・9／23　秋分の日 ・10／1　衣替え　・10／10　十五夜 ・10／13　さつまいもの日 ・10／第2月曜日　体育の日 ・10／31　ハロウィン（仮装の日）	園・クラス行事	・運動会 ・誕生日会 ・読み聞かせ週間 ・芋掘り ・お芋パーティ	・縦割り遠足 ・避難訓練 ・プールじまい ・衣替え ・交通安全教室

ゲーム遊び	運動・リズム遊び	製作遊び
・むっくりくまさん ・お祭りごっこ ・イモ掘りごっこ ・ハロウィンごっこ ・電車でGoGoGo ・どうぶつごっこ	・ハンカチ落とし ・電車でGoGoGo ・カラダとカラダくっつき虫 ・どうぶつまねっこ ・ボディタッチリレー ・魔法のじゅうたん ・握りこぶしギュッギュッギュッ ・段ボールおふろに入ろう。	・小麦粉粘土 ・落ち葉でお絵かき ・どんぐりのころころ遊び ・松ぼっくりのパラシュート
・いす取りゲーム ・はないちもんめ ・わっか取りゲーム ・オセロゲーム	・ねずみのしっぽとり ・けんけんぱ ・足ジャンケン ・縄跳び ・おすもうごっこ ・動物まねっこ ・パラバルーン	・落ち葉で擦り出し ・どんぐりマラカス ・落ち葉で動物づくり ・ちぎり絵
・あーぶくたった ・フルーツバスケット ・ジャンケン列車 ・ハンカチ落とし	・ねずみのしっぽとり ・氷おに ・色おに ・どろけい ・音階あそび ・リズム当てゲーム ・パラバルーン	・落ち葉のスタンプ ・落ち葉の擦り出し ・どんぐり鉄砲 ・ハロウィン衣装作り

〔注〕個別のゲーム・運動・遊びなどは、園によって実施学年が異なることがある。

出典：筆者作成

第13章● 部分実習のために

> <基本的な保育実技のポイント>
>
> (1) 手遊びのポイント
> 　　・表情は笑顔であたたかく
> 　　・声ははっきり、ゆっくり、優しく
> 　　・動きは大きく、わかりやすい動き（見立てるなど）
> 　　・子ども一人ひとりの表情を見ながら
> 　　・実習生自身がなりきる楽しさで表現する
> 　　・最後までやりきる楽しさ（手遊びの最後が楽しい終わり方になっている場合）
> (2) 絵本の読み聞かせのポイント
> 　①絵本の持ち方
> 　　・しっかり脇を締めて、絵本が揺れないように真っ直ぐに持つ
> 　　・子どもの目の高さに合わせる
> 　　・画面は、腕や手で隠さないように持つ
> 　②声の出し方
> 　　・口を大きく開けて、はっきり、ゆっくり
> 　　　（内容に合わせて、声の大きさ、高さ、速さを考える）
> 　　・登場人物になりきることは大切だが、あまり抑揚をつけすぎない
> 　　・間のあけ方（時間の経過や期待感の持たせ方）
> 　③ページのめくり方
> 　　・画面を隠さないように
> 　　・スピードを考える
> 　　・表紙・見開き・裏の見開きはじっくり見せること（131ページの写真参照）
> (3) 弾き歌いのポイント
> 　　・子どもたちが歌いやすいように、ゆっくり、大きな声で
> 　　・子どもたちの方を見ながら歌う
> 　　・体も一緒に動かしながらリズムに乗って楽しく
> 　　・歌詞は、子どもたちが自然に親しめるように振り付けなど考える

第2節　部分実習の具体例

1　主活動（ゲーム遊び、運動・リズム遊び、製作遊び）

　季節や時期・年齢・子どもの様子から、部分実習の主活動として実践しやすい内容について9・10月を例に挙げてみた（128ページ。図表13-1）。

2 絵本の読みきかせ事例

指導案を立案し、実践するポイントは、以下の通りである。
- 「導入→展開→まとめ」のつながりがあるように考えていく。
- ここでは（132ページ、図表13-2）よく知られた絵本『ぐりとぐら』を例に挙げている。導入は、「いっぴきののねずみ」について行うことで、「のねずみといういきもの」に興味・関心が持てるような手遊びを行い、導入と展開につながりを持たせている。
- 手遊びの歌や動きに決まりはなく、子どもの様子に合わせて臨機応変に行うことが大切。
- 意識的にゆっくり行うことを心がけ、落ち着いて読み聞かせができるようにする。事前に自分の読み聞かせを録音し、確認しておくのもよい。
- 子どもたちの様子に気を配りながら読み聞かせができるように、あらかじめ鏡などに自分の姿を映して練習をする。

絵本の表紙、見開きはじっくり見せる。画面を隠さないように開く。

【参考文献】
阿部恵・鈴木みゆき編著『教育・保育実習安心ガイド』ひかりのくに、2002年
阿部明子編著『教育・保育実習総論―実習の事前・事後指導〔第3版〕』萌文書林、2009年
天沢啓子他編『最新・保育実習まるごとBOOK』小学館、2000年
なかがわりえこ・おおむらゆりこ『ぐりとぐら』福音館書店、1967年
山下佳香『部分・責任実習指導案立案・作成に向けての実習指導の一考察』聖ヶ丘教育福祉専門学校紀要　第26号

（山下佳香）

図表13-2 部分実習指導案

28年9月13日(火)(晴れ)	クラス名	4歳児うめ組 男児15名 女児15名 計30名	指導者名	○○○○先生	実習者名	○○○○
主活動	絵本『ぐりとぐら』を見る	活動のねらい	・ぐりとぐらの森での楽しい様子を感じる。 ・自分が作ったものをみんなでわかち合う楽しさを知る。		活動の選択理由	・園行事で遠足に行くための楽しさや期待感につながるため。 ・ぐりとぐらが森の仲間たちと共有する楽しさから、クラスの友だちと一緒に活動する楽しさが湧いてくると思ったため。

時間	活動内容・予想される活動	実習生の動き・援助・留意点	環境構成・準備
10:00	<導入> ●実習生の話を聞く。 ・これから何が始まるのか期待感を抱きながら実習生に何が始まるのか聞く。 ・自分が今まで遊んでいた玩具を友だちと一緒に片づけ、排泄をすませ、実習生の周りに座る。 ●実習生のまねをしながらいっぴきのねずみの手遊びをする。 ・ねずみの数が増えることに声を大きく出したり、指の出し方を変化をつける。 ・ねずみの声を表現したリズムの面白さを味わう。	<1000前の自由遊び> ・今、子どもたちそれぞれが遊んでいる遊びの段階がどのような状況なのか把握し、様子を見ながら徐々に次の活動を行うことを伝える(活動ごとのつながりが大切に)。 ・友だちと一緒に片づけを行いながら、がんばっているところや、友だちと片づけを一緒に行っているところをほめる。 ・実習生も片づけを子どもたちと協力し合って行う。 ・片づけが終わり、子どもたちと一緒に確認した後にトイレに行くように言葉掛けをする。 ・排泄をすませてきた子どもたちから実習生の周りにお山座りで座るように言葉掛けをする。後ろのほうはソフトブロックに座り、絵本が見えやすいような環境を設定する。 ・手を後ろにし、何か出てくるのかいっぱい期待感を持てるような言葉掛けをしながら手遊びのねずみを始める。 ・ねずみに見立てる手と指を合わせて、声を出し楽しさが伝わるように、声の大きさや速さを変え、指の動きを大きく動かす。	<1000前の自由遊び> 絵本コーナー まごとコーナー ブロック遊び 粘土遊び 入口 ・子どもたちは自分の好きな遊びを1000までに行い、実習生の掛け声で片づけをし、実習生の周りに集まる。

時間	内容	環境構成・準備
10:10	**＜展開＞** ●絵本『ぐりとぐら』の読み聞かせを聞く。 ・表紙や表を見開きをじっくりと見ながら、ぐりとぐらが"草"っぱ"と言う。 ・ぐりとぐらが登場すると、みんなで一緒にぐりとぐらの歌を歌う。 ・森の中で大きな卵を見つけると"卵"と叫ぶ。 ・卵を使ってぐりとぐらが何を作るのかなと首をかしげながら考える。 ・大きなホットケーキが出来上がるのを見て、拍手をしながら喜ぶ。 ・ホットケーキを食べたいと言いながら絵本のホットケーキに向かって食べる真似をする。 ・拍手をしながらお話のおしまいを表す。	**＜実習生の周りに集まる＞** 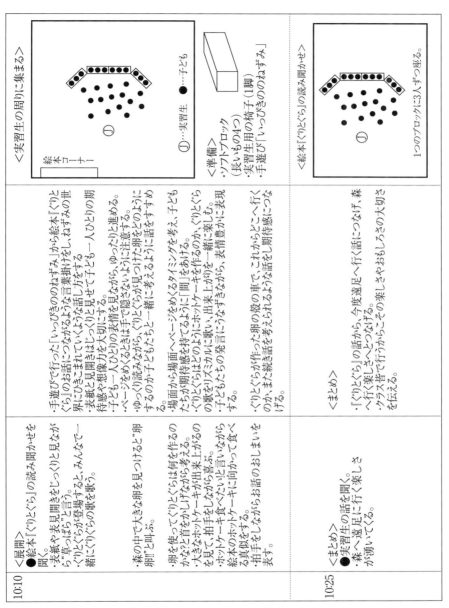 絵本コーナー ①…実習生　●…子ども **＜準備＞** ソフトブロック （長いもの4つ） 実習生用の椅子（1脚） 手遊び「いっぴきのねずみ」 **＜絵本『ぐりとぐら』の読み聞かせ＞** 1つのブロックに3人ずつ座る。
10:25	**＜まとめ＞** ●実習生の話を聞く。 森へ遠足に行くことが湧いてくる。	・手遊びで行った「いっぴきのねずみ」から絵本『ぐりとぐら』のお話につながるような言葉掛けをし、ねずみの世界についていけるような話し方をする。 ・表紙や見開きはじっくり見せて子ども一人ひとりの期待感や想像力を大切にする。 ・ページを一人ひとりの表情を見ながら、ゆっくりと進める。 ・ゆっくりと読みながら、ぐりとぐらが見つけた卵をぐりとぐらと一緒に考えるようにすすめるのかを子どもと一緒に考えるように話をすすめる。 ・場面から場面へページをめくるタイミングを考え、子どもたちが期待感を持てるように「間」をあける。 ・ぐりとぐらがリズミカルに歌うようにホットケーキを作るのか、ぐりとぐらの歌を一緒に楽しみながら、出来上がりを表情豊かに表現する。 ・子どもたちの発言にうなずきながら、表情豊かに表現する。 ・ぐりとぐらが作った卵の殻の車で、これからどこへ行くのか、また続きを考えられるような話をつなげる。 **＜まとめ＞** ・『ぐりとぐら』のお話から、今度遠足へ行く話につなげ、森へ『楽しく』行くことをつなげる。 ・クラス皆で行こうからこその楽しさやおもしろさの大切さを伝える。	

出典：筆者作成

第14章　一日実習のために

第1節　一日実習とは

1　一日実習とは

　一日実習とは、実習生が部分実習の経験を経て、実習の後半に担任保育者に代わって一日保育をすることである。実習先によって異なるが、多くは、最終週の午後保育がある日の登園から降園までの時間を担当する。
　一日実習は、「全日実習」、「全日担当実習」、「総合実習」、また、実習生が責任を持って行うことから「責任実習」、「全日責任実習」とも呼ばれている。見学実習、観察実習、参加実習の部分実習を経験して行う最終段階の実習のため、幼稚園教育実習の集大成といえる。
　一日実習までの流れとして、朝の活動（朝の会、朝の集まり等）、昼食活動（弁当、給食の時間等）、帰りの活動（帰りの会、帰りの集まり等）の中でピアノを弾いたり、絵本や紙芝居を読んだり、手遊び・パネルシアター等をしたりして、園生活の流れの一部を担任保育者に代わり保育をする。
　その後、担任保育者がしている朝の活動や、主活動等の時間を全て担当する部分実習をして徐々に段階を踏み、一日実習を行うことが多い。

2　一日実習に対する心構え

　多くの養成校は、あらかじめ実習先へ一日実習か、時間が取れない場合は、複数回の部分実習を依頼しているが、実習生自身からも申し出る

ことが大切である。そして、実習先から一日実習の希望を聞かれた場合は、希望する意思をはっきりと伝えることが大切であり、あいまいに「どちらでも」などと返答すると、やる気がないとみなされる場合があるので注意が必要である。

　一日実習は、実習生にとって、今まで学んできた全てを出して保育をする日である。従って、保育者を目指す学生として、養成校で学んだ知識、マナーや言葉づかい、立ち居振舞(ふるま)い、そして、それまでの実習の学びを発揮できるようにする。

　また、一日実習は、実習生の勉強の場としてだけと考えるのではなく、あくまでも子どもたちの成長に大切な保育の時間であることを忘れず、責任を持って行うことが大切である。

　また実習生は、保育者が、将来の保育者を育てたい気持ちから貴重な時間のやり繰りをして、実習生に一日実習の機会を与えてくれているということを忘れてはならない。

第2節　一日実習の指導案（日案）について

1　日案の必要性

　一日実習を行うための一日の指導計画のことを「日案(にちあん)」と言い、子どもの登園から降園までの一日の保育の指導計画を、具体的に作成するものである。子どもたちの園での日々の生活や遊びは、各園の保育計画である教育課程と、具体的な計画である年間指導計画、期間指導計画、月間指導計画（月案）、週間指導計画（週案）、一日の指導計画（日案）のもと、保育が展開されている。

　一見、自由に遊んでいるように見える子どもたちであっても、保育計画のもと、保育者は子どもの育ちを見通し、願いを込めて目の前の子ど

も一人ひとりに合わせた環境づくりをしている。

そして、子どもにとって必要な時期に、必要な経験を行えるように指導計画を立てて保育をしているのである。そのため、よりよい保育を行うために、あらかじめ日案をしっかりと作成することが重要である。

2　日案作成の留意点

日案の書式は、養成校や実習先によって異なるが、養成校で習った書き方を基礎にして、実習先の保育者の指導のもとで、書くようにする。くれぐれも養成校で習った方法を押しとおすのではなく、実習先の保育者の書き方を素直に受け入れ、書く。また、オリエンテーションのとき、指導案の書式を確認しておくとよい。

一日実習の主活動は、実習生が中心となり一斉(いっせい)保育をすることが多いので、**図表14-1a**（137ページ）、14-1b（138ページ）の主活動の指導案は、特に一斉保育について取り上げている。しかし、実習生が環境設定をした上で、子ども主体の活動を中心とした一日実習が行われる場合もあるので、実習先の保育方針や保育内容を確認しておくとよい。

また、日案は実習先の保育計画をもとに作成するものなので、クラスの「月案」や「週案」等を見せてもらって参考にするとよい。

3　日案作成の流れ

（1）主活動の指導案を書く練習をする

実習が始まると、子どもたちと遊び、慣れない業務等をするために、精神的にも体力的にも自分が予想した以上に疲労する。さらに、帰宅後も日誌を書き、翌日の準備をすることになり、時間が足りなくなる。

そこで、あらかじめいくつかの主活動の指導案を準備しておくとよい。そのため、オリエンテーションのとき、クラス配当が決まっている場合は、教えてもらうとよい。さらに、年間指導案、月案、週案、お便りなどの資料を見せてもらうと、参考になる。

図表14-1a　主活動の指導案事例（前半）

指導者氏名　〇〇〇〇先生	実習生氏名　〇〇　　〇〇〇
平成〇〇年6月14日(木)天候くもり	主な活動　　折り紙製作「あじさい」
クラス：5歳児　パンジー組 人数：24名	ねらい ・雨の季節のあじさいの花に興味を持ち、花のしくみや色に関心を持つ。 ・紙を折ることでさまざまな形ができることを知る。 ・自分なりのイメージを持って楽しんで製作をする。
クラスの状態 ・ペープサートを楽しんで作成し、お互い演じたり、お客になったりして、楽しむ姿が見られる。 ・園庭の草花等を遊びに取り入れている。	準備 絵本『あめのもりのおくりもの』、花瓶に入ったあじさいの花、あじさい製作の見本、画用紙(24枚＋予備5,6枚)、4分の1の大きさの折り紙(ふじ色、ピンク各150枚)、折り紙(緑48枚＋予備10枚)、子どもの名前入り葉っぱ(24枚)、黄色の丸シール小4シート(1シート96つ)、のり、はさみ、クレヨン(各自)、手ふき(6つ)

時間	子どもの活動	保育者(実習生)の活動	環境構成
10:15	○製作の準備をする。 ・テーブルクロスを敷き、のり、クレヨン、はさみを持って席に座る。(図①)	○製作の準備をする。 ・テーブルクロスを敷き、各自のり、クレヨン、はさみを持って集まるように声を掛ける。(図①)	保育室(図①) 黒板 机 (実) テラス　ロッカー ドア　ドア
10:20	○絵本『あめのもりのおくりもの』を見る。	○絵本『あめのもりのおくりもの』を読む。 ・絵本が見やすい場所に移動してもよいことを伝える。	(実) 実習生 ○ 子ども P ピアノ
10:30	○あじさいについて関心を持ち聞く。 ・「知っている」「あじさい」と答える。 ・「きれい」等、感想を言う。	○あじさいについて話す。 ・「今、園庭に花が咲いていますが、何の花か分かりますか？　雨が降るこの時期にきれいに咲く花ですよ」と話し、あじさいに関心を持てるようにする。 ・花瓶にさしたピンク系と紫系の色のあじさいの花を見せる。 ・花びらに見えるものが「がく」で、真ん中の小さな丸いものが「花びら」だということを伝え、色の違い等に関心を持つようにする。	
10:35	○製作「あじさい」の説明を聞く。 ・実習生のあじさいの作品を見る。 ・班の当番は、前の机から材料を取りに行く。	○製作「あじさい」の説明をする。 ・折り紙であじさいの製作をすることを伝え、見本を見せる。 ・子どもたちが作りたいという気持ちを持つように話をする。「みんなで保育室にあじさいの花をいっぱい咲かせようよ」「葉っぱの上のかたつむり君がもっとお友だちが欲しいって言っているから、作ってもらってもいいかな？」等。 ・作品完成までの流れ、手順を話す。 ・班の当番に材料を取りに来るように伝える。	・準備を整えてから実演することにより、子どもが製作にすぐ取りかかることができる。

(↓次のページへ続く)

(↓前のページより続く)

図表14-1b　主活動の指導案事例（後半）

	・実習生から画用紙を受け取り、材料がそろっているか確認する。	・画用紙を班ごとに配る。 ・材料がそろっているか確認し、座って待つように伝える。	〈葉っぱの作り方〉
10:40	○葉っぱを製作する。 ・実習生の説明を聞き、製作する。	○葉っぱの作り方を説明する。 ・緑と黄緑の折り紙で葉っぱの作り方の説明をし、作るように伝える。	
10:45	○あじさいの花を製作する。 ・実習生の説明を聞き、製作する。 ・好きな色を選び、折り紙を折る。	○あじさいの花の作り方を説明する。 ・大きな折り紙で花びらに見えるがくの折り方を説明する。 ・藤色とピンク色の折り紙が箱に入っているので、自分なりにイメージするあじさいの色を選ぶことを伝える。 ・もう一度、ていねいに説明しながら、子どもたちと一緒に折る。	（作り方を図示しておく）
	・がくの真ん中にシールを貼る。 ・がくを同じように並べるよりも、不規則に並べたほうがあじさいの花らしく見えることに気づく。 ・あじさいの花の形に並べ、のりづけする。	・がくの真ん中が花であることを伝え、黄色のシールを貼るように伝える。 ・がくを8つ以上作ったら、どのようにがくを並べたら、よりあじさいの花らしく見えるのか問いかける。 ・がくと葉っぱを画用紙の上で並べてからのりづけするように話す。 ・名前が書かれた葉っぱを1枚わたし、一緒に貼るように伝える。	〈あじさいのがくの折り方〉 （折り方を図示しておく）
	・机の手ふきで指をふく。	・のりの付け方は、人差し指の先に付けて薄く伸ばすようにすることを確認する。	
	・画用紙にクレヨンで雨等を好きなように描く。	・雨等を自由にクレヨンで画用紙に描くことを伝える。 ・意欲的に取り組めるように励ましながら、声を掛ける。	
	・「あじさい」の作品を完成する。	・一人ひとりのあじさいの作品の良さを認め、言葉を掛けていく。	
11:10	○壁面の作品を見る。 ・友だちの作品を見て、それぞれの違いの良さに気づく。 ・感想を言う。	○壁面に作品を飾り、活動のまとめをする。 ・皆でお互いに作品を見ることができるように壁面に飾り、製作活動の楽しさや、完成した喜びをお互いに感じることができるような言葉を掛ける。 ・時間内に全員の作品を紹介できなかった場合は、帰りの会の時に紹介する。	〈完成図〉
11:20	○片付けをする。 ・道具などを片付けてから排泄、手洗い、うがいをして、弁当の準備をする。	○片付けをする。 ・片付けをしてから排泄、手洗い、うがいをし、弁当の準備をすることを伝える。	

出典：筆者作成

一日実習のクラスが決まっている場合は、その年齢のクラスを想定して、主活動の指導案を書いてみる。決まっていない場合でも、本書はじめ教科書や参考書等の指導案を参考にして書いてみるとよい。

　本来は、実習が始まってから、子どもたちの実態を捉えて、指導案を書きはじめるものだが、少しでも書き慣れておくとよいので、実習前にいくつか書くことを勧める。しかし、実習までに書く指導案は、あくまでも練習と考え、担当保育者の指導のもとに何度も訂正していくものだということを頭に入れておく必要がある。

（2）担当保育者に挨拶と相談をする

　実習が始まり、一日実習のクラスが決まったら、担当保育者に一日実習の指導への挨拶とお願いをする。

　そのうえで、相談しながら日案を仕上げていく。その際、そのクラスの「月案」や「週案」を見せてもらうとよい。子どもの姿を把握し、その週のねらいや活動の流れの理解につながり、一日実習のねらいや内容の参考にすることができるからである。

　例えば、**図表14-1a**（137ページ）「主活動の指導案事例」の「ねらい」の一つに、「雨の季節のあじさいの花に興味を持ち、花のしくみや色に関心を持つ」とある。これは、担当保育者が立てた「週案」（**図表14-2**、140～141ページ）の「週のねらい」の一つ「身近な自然物や事象に関わり、興味や関心を持つ」こととつながってくるものである。週案の「内容」を見ると、「園庭に咲いているあじさいに気づき、色が変化することを知る」と書かれている。

　このように、一日実習も、ねらいに沿った子どもの育ちを考えた一日となるのである。ただし、担当保育者から自分で考えるようにとアドバイスをされた場合は、それに従う。

　なお、140～141ページの**図表14-2**は、担当保育者が立案した「週案」の事例であり、また、137～138ページに掲げた**図表14-1**（a、b）は、「指導一日案の主活動部分」の事例である。

図表14-2　週案の事例

	平成○○年　　　5歳児パンジー組　　　（第Ⅱ期　6月　第3週）
月のねらい	○自分なりのめあてをもって考えたり、工夫したりしながら挑戦する気持ちを持って遊ぶ。 ○自分の考えや意見を伝えたり、聞いたりして、一緒に工夫しながら進めていくことの楽しさを感じる。 ○生活に必要な流れや活動を理解し、自分たちで進んでしようとする。 ○梅雨期の自然現象や動植物の様子に興味・関心を持ち、親しみを持ってかかわる。
週のねらい（○）、内容（・）	○自分のしたいことが実現できるように工夫したり、試したりして、楽しみながら活動に取り組む。 ・自分でイメージしたものや友だちの作品に影響を受けたものを、身近な素材や用具を使って考えて作る。 ・友だちががんばっている姿に自分も挑戦しようと、自分なりに目的を持って取り組む。 ○自分の考えや意見を相手に分かるように伝えたり、関心を持って聞こうとしたりして、友だちとかかわりながら遊びや活動を楽しむ。 ・友だちとの遊びの活動の中で、今まで気づかなかった友だちの思いや考えの違いに気づく。 ・自分の思いや友だちの考えを調整しながら、自分たちで遊びを進める。 ・「プレイデー」があることを知り、保育者や友だちと一緒に準備をすることで期待を持って参加する。 ○身近な地域や園での生活の中で、自分で進んでできることをする。 ・近くの公園のゴミ拾いをすることで公共の場でのマナー、地域とのつながりを感じる。 ・自分が当番や係であることに気づき、進んで活動をしたり、気づいていない友だちに伝えたりする。 ○身近な自然物や事象に関わり、興味や関心を持つ。 ・園庭に咲いているあじさいに気づき、色が変化することを知る。 ・園庭の虫を捕まえたり、草花等を使ったりして遊ぶ。 ・自分たちが世話をしている野菜、花の生長の変化に気づき、報告し合う。
週の流れ	11日（月） 8:50　登園〜身支度 9:00　当番活動・絵本返却 　　　好きな遊び 11:20　片付け 　　　弁当の準備・食べる 12:20　好きな遊び 13:20　学級での活動 14:10　降園 12日（火） 8:50　登園〜身支度 9:00　当番活動 　　　好きな遊び 11:30　片付け 　　　弁当の準備・食べる 12:20　好きな遊び 13:20　学年での活動 　　　地域清掃の話 14:10　降園 13日（水）地域清掃 8:50　登園〜身支度 9:00　当番活動 9:30　地域清掃 10:45　帰園 11:40　学級での活動 11:55　降園

6月11日～6月17日	園長印	主任印	担任印

子どもの姿	○リレーごっこでは、何度も繰り返しているうちに今まで参加しなかった子どもも参加するようになってきた。 ○ペープサート作りが盛んに行われ、お互い演じたり、お客になったりして、楽しむ姿が見られる一方、自己主張し合う姿も見られるようになってきた。 ○自分が当番や係であることに気付き、進んで役割をしたり、意識の薄い友達に声を掛けたりするようになってきた。また、面倒に感じる子どもの姿も見られるようになってきた。 ○天候が不順なため、気温の変化により体調を崩す子どもも見られる。
環境構成（☆）、保育者の援助（・）	○自分のしたいことが自分なりに実現できるように工夫したり、試したりして、楽しみながら活動に取り組むために。 ・自分の作りたいもののイメージに合わせた素材や大きさを考えながら作ることができるように、声を掛けていくようにする。 ・子どもが自分なりに取り組む姿を見守り、様子を見て励まして、受けとめていく。 ○自分の考えや意見を相手に分かるように伝えたり、関心を持って聞こうとしたりして、友だちと関わりながら遊びや活動を楽しむために。 ・うまく伝えられないときには、伝わりやすい言い方を考えることができるようにしていく。 ・意見が違うときには、どうしたらよいのか自分たちで考えていけるように気づかせ、お互いの思いが伝わるようにする。 ☆「プレイデー」の案内図、矢印、流れ等を保育者や友だちと一緒に作り、貼ることで、期待を持って参加できるようにする。 ○身近な地域や園での生活の中で、自分で進んでできることをする。 ・昨年の年長の姿を一緒に思い出しながら、自分たちが年長として地域をきれいにしようという気持ちを持てるように働きかける。 ○身近な自然物や事象にかかわり、興味や関心を持つために。 ・雨天時には、傘をさして園庭の身近な動植物の様子を観察したり、触れたりできるようにする。 ☆身近な虫や植物などの図鑑、絵本、虫眼鏡等を、子どもの目のつきやすい所に置く。 ・世話をしている野菜や花の成長の変化をみんなの前で発表する機会を作り、収穫の期待につながるようにする。

14日(木)一日実習	15日(金)体重測定	17日(日)プレイデー
8:50 登園～身支度 9:00 当番活動 10:15 折り紙製作「あじさい」 11:20 片付け 　　　弁当の準備・食べる 12:20 好きな遊び・学級での活動 14:10 降園	8:50 登園～身支度 9:00 当番活動・体重測定 　　　好きな遊び 11:20 片付け 　　　弁当の準備・食べる 12:20 好きな遊び 13:20 プレイデーの準備 14:14 降園	8:50 登園～身支度 9:00 親子で好きな 　　　遊びコーナーで遊ぶ 11:00 片付け 　　　学級での活動 11:30 親子で降園

出典：筆者作成

(3) 子どもの実態を理解し、保育者の動きを観察する

　一日実習のクラスに入ったら、クラスの状態や子どもの姿をよく見て子どもたちの実態を理解し、目の前の子どもたちの姿を観察し、それをもとに日案を作成していく。さらに登園から降園までの子どもたちが毎日繰り返している活動、担当保育者が行っている支援等をよく観察して一日の流れを把握することが必要である。もしあらかじめ作成した主活動の指導案が採用された場合は、担当保育者と相談しつつ、実際の子どもの姿と、作成した指導案のずれを調整して完成させていくようにする。

第3節　一日実習の事前準備

1　教材、材料の準備をする

　主活動の内容が決まったら、まず、園から借用する教材等がある場合は、教具等を管理している保育者（主任が担当していることが多い）と、担当保育者に借用の許可を得る。その際、必ず、借用日時と返却日時を確認するようにする。その他、その日に必要な教材、教具等は、早めに準備をするようにする。

2　先生方への挨拶と指導のお願いをする

　一日実習には、担当保育者以外に園長、副園長、主任保育者などが見学に来ることがある。そのため、日案を何部コピーしたらよいのか確認して、一日実習が行われる前日には、各先生方に手渡せるようにする。その際、一日実習実施の挨拶と指導のお願いを忘れずにする。

3　保育室の環境を整える

　一日実習日の前日、子どもが降園し、掃除等の仕事が終わった後、担

当保育者の許可を得て、実習当日の保育室の環境に整える。その際、担当保育者と相談しながら、子どもたちが活動に入りやすいように考え、整えていくようにする。また、主活動の教材や教具等の準備もする。

4　一日実習の保育の内容と流れを覚える

一日実習当日、日案を見ながら行う、というようなことがないようにしたい。事前に保育の流れ通りに声に出して、シミュレーションをしてみる。そうすることによって、時間配分や自分の苦手な点が分かるので、何度も練習してみることが大切である。また、流れをしっかりと頭に入れ、十分な準備をすることで、当日は落ち着いて実習ができる。

第4節　当日の心構え

1　先生方への挨拶と環境等の確認をする

当日はいよいよ、今まで学んだことを発揮する日である。まずは、教職員に、一日実習をさせていただく挨拶をする。そして、毎日行っている玄関、園庭等の環境を整え、子どもたちが気持ちよく登園できるように迎え入れる準備を行う。次に、前日整えた保育室の環境整備、教材や教具等、もれがないか、再度確認をする。

2　笑顔で保育をする

当日は緊張すると思うが、硬い表情でいると、子どもたちにも伝わってしまう。子どもたちの前では、常に笑顔でいることを心掛ける。また、子どもたちの状況や場面に合わせて声の強弱を調整し、子どもたちの興味、関心を引きつけられるようにする。

3　子どもに合わせ臨機応変に対応する

　子どもに対し、柔軟性を持って対応できるように心掛ける。決して、「自分が作成した日案通りに進めること」ばかりを考えないようにする。
　それは、子どもたちの望むやり方等を無視することにつながりかねないからである。常に目の前の子どもたちの状況に合わせて、臨機応変に対応することが大切である。

4　一日実習が終わってから

　一日実習後は、担当保育者をはじめ、見学に来てくれた教職員にお礼の挨拶をする。そして、借用したものは、汚れや破損がないか確認して速やかに返却し、使用した保育室をしっかりと掃除をする。翌日の保育室の環境設定については、担当保育者に確認をして行う。
　その後、反省会等が行われた場合も、その場でしっかりと教職員にお礼を述べる。先生方のアドバイスには素直に耳を傾け、その後の保育に生かすようにする。
　また、先生方からの指導の内容を記録し、それをもとに保育者となるために足りない点を自己の課題として明確にしておくことが大切である。

【引用・参考文献】
　浅見均・田中正浩編著『子どもの育ちを支える幼稚園教育実習』大学図書出版、2011年
　田中亨胤監修、山本淳子編著『実習の記録と指導案』ひかりのくに、2011年
　東京家政大学『教育・保育実習のデザイン』研究会編『教育・保育実習のデザイン実感を伴う実習の学び』萌文書林、2010年
　久富陽子編著『幼稚園・保育所実習 指導計画の考え方・立て方』萌文書林、2009年
　百瀬ユカリ『よくわかる幼稚園実習〔第2版〕』創成社、2011年

（大﨑利紀子）

第15章　実習のふり返り

第1節　自己評価とふり返り

1　なぜふり返る必要があるのか

(1) 反省の繰り返しが専門性を高める

　実習を終えて、子どもたちとの出会いに胸を躍らせた喜びや、うまくいかなかった部分実習を終えたときの申し訳なさや情けなさを胸に抱きながら、日常生活に戻る。しかし、実習で得た体験を適切な言葉で描き出し、意味づけしなければ、それは単なる思い出で終わってしまう。

　倉橋惣三（くらはしそうぞう）（1882～1955）の『育ての心』に、次のような一節がある。

> 　子どもが帰った後、その日の保育が済んで、まずほっとするのはひと時。大切なのはそれからである。
>
> 　子どもといっしょにいる間は、自分のしていることを反省したり、考えたりする暇はない。子どもの中に入り込みきって、心に一寸の隙間も残らない。ただ一心不乱。
>
> 　子どもが帰った後で、朝からのいろいろのことが思いかえされる。われながら、はっと顔の赤くなることもある。しまったと急に冷汗の流れ出ることもある。ああすまないことをしたと、その子の顔が見えてくることもある。――一体保育は……。一体私は……。とまで思い込まれることも屢々（しばしば）である。
>
> 　大切なのは此の時である。此の反省を重ねている人だけが、真の保育者になれる。翌日は一歩進んだ保育者として、再び子どもの方へ入り込んでいけるから。
>
> 　　　　　　　　　　　　　　　　　　　　　　　［倉橋、2008年］

倉橋は、「反省を重ねる」ことが必要だと言う。なぜ反省が必要になるのか。「反省」とは、どのように考えることを言うのだろうか。

(2) 反省的実践家

　そもそも、子どもたちとかかわることの専門家とは、どのような人を指すのだろうか。「こうすればこうなる」というような科学的な知識や技術を持つ人だろうか。しかし、一度でも子どもたちとかかわってきた人であれば、そのような単純なものではないと考えるだろう。

　実際の保育の現場は、子どもたちの素直で、元気のよい声にあふれ、めまぐるしく、ぐちゃぐちゃである。その中で、一人ひとりの心の声を聴き、必死になって状況を理解し、即座に適切に動く身体を持つ人、不確実な世界の中でその先を見通して、子どもたちに寄り添い歩むためのさまざまな引き出しを持つ人が、子どもたちとかかわる専門家ではないだろうか。

　では、どのようにすればそうした専門家になれるのだろうか。

　反省的実践家という概念を提起したドナルド・ショーン（D. A. Schön 1930～1997）は、自分の行為をふり返り、そこにどのような意味や意図があったのかを「言葉にする」ことが必要だと言う。その積み重ねが、物事を見る「目」と、状況に応じて動く「身体」を鍛える訓練となる。

　そのためには、一緒に成長したいと願う同僚との対話が欠かせない。自分の失敗や反省を安心してさらけ出し、語ることのできる場も必要だろう。率直すぎる子どもの言葉で少しささくれた心や、「うまく行かない／できない」という思いを抱えながら走り回って疲れてしまった身体を慰め、励ましてくれる存在もありがたい。

　このような環境の中で自分の実践を絶えずふり返り、ねばり強く、しなやかに子どもたちと共に歩もうとするとき、不確実性は、創造性の余地へと転換する。実習を振り返るということは、そのための第一歩を踏み出すことだ。

2 自己評価の進めかた

(1) 経験の棚卸し

まず、最初に実習園に行った日の気持ちを思い出してみよう。園舎・園庭の見取り図を見ながら、「ああ、ここではこんなことがあったなぁ」という記憶を空間と紐付けし、自分が体験したことを棚卸ししてみよう。

思い出のつまった実習日誌を開きながら、ルーズリーフを1枚取り出し、取り留めなく、思い出に残っているエピソードや浮かんできた思いや、考えを書き出してみてほしい。実習日誌では書けなかったあなたの感情と葛藤、疑問と不安、そうしたことも思いつくままに書き出してみよう。そこに間違いはない。しっかりとした文にならなくてもいい。安心して、自由に、とにかく言葉を書きつづってみよう。うまくいかなかったことも、言葉にすると少し向き合えるようになるし、心も軽くなる。

緊張して赴いた初日の保育は、どのようなねらいをもったものだったろうか。この日、特に覚えている子どもたちとのかかわりはどのようなことだろうか。今振り返ってみて、なぜその子どもたちとのかかわりが印象的だったのだろうか。考察ではどのようなことを書いているか。その日は気付かなかったけれども、実習を終えた今になって気付くことはないだろうか。担当教諭はどのようなアドバイスを残しているだろうか。

「子どもたちが自分で考えられるよう言葉がけをしています」など、担当教諭が残したコメントと対話しながら、忙しい中でかかわってくれたことへの感謝の気持ちも、言葉にしておきたい。担当教諭のコメントを書き出してみると、自分の課題が何か浮かび上がってくるだろう。その日は、どのようなアドバイスを残してくれているだろうか、それらを書き出してみると、どのように分類できるだろうか、どの分類についてのアドバイスが多かっただろうか。

もし、隣に聞いてくれる人がいるなら、その日がどういう日だったかを話してみてほしい。話を聞く人はメモをとってあげてほしい。「話す」

という行為は、あなたが経験したことの中から意味があると考えているエピソードを取り出すことだ。聞く人は共感することも多く、自分のことも話したいと思うかもしれない。しかし、そこは「聴く」という姿勢に徹してあげてほしい。「それで？」「どんなことがあったの？」「それをどう感じた？」など、相手の体験を掘り下げる質問を、返してあげてほしい。

　さて、書き出した紙にはたくさんのエピソードが書かれていることだろう。その中から、特に自分にとって印象的だったこと、深く学んだことを３つ選んでみよう。どの経験も意味あることだけれども、あえて選ぶことで、自分が特に意味あると感じていること、価値あると考えていることが浮かび上がってくる。

(2) 適切な言葉で自分の学びを他者に伝える

　経験の棚卸しが済んだのであれば、２分程度で自分が実習から何を学んだかを伝えるためのスピーチ原稿を作ってみよう。ここで大切なことは、自分が何を学んだのかを明確に伝えることはもちろんだが、その根拠となるエピソードを具体的に示し、これまでに学んだ言葉で適切に表現することだ。

　「手遊びを真似る」は、保育者が模範として存在するという表現だが、実習生のあなたは、果たしてその域に達しているだろうか。「手遊びを一緒にする」と書くと、子どもと肩を並べて子どもの遊びに参加するという意味合いが出てくる。自分の気持ちや伝えたいことを、いちばん適切と考える言葉を選んで書き表す努力をしよう。それは、自分の心をていねいに見つめることにつながる。「どちらかに手を上げさせる」など強制を示す言葉になってないだろうか？　「教えてあげる」など恩着せがましい表現になってないだろうか？　あなたの話す言葉、書く文字の端々（はしばし）に、あなたの保育観が透けて見えてしまうので気をつけたい。逆に、実習を終えたある学生が「言葉を手わたす」という表現を用いたように、あなたの深い学びが、考え抜かれた言葉を介して伝わることもある。

部分実習を行ったのであれば、事前に設定したねらいと計画がどのようなものであったのかと照らし合わせることで、実際に行ったことの評価も明確になるし、自分の学びや課題も明確になる。実習前にはおどおどして緊張した手遊びや素話(すばなし)も、実習をくぐってきた今なら自信を持ってできることだろう。あなたが、実習を経てどのように成長したのか。

　あなたをずっと見てきた人であればその変化は分かるが、これからあなたが初めて出会う人たちには分からない。だからこそ、あなたが何を学んできたのかを、わかりやすく適切な言葉でまとめ、表現することが必要になる。そこまでできて、あなたの実習は始めて実を結ぶ。最後の最後まで手を抜いてはいけない。

第2節　他者のふり返りからの気づき

(1) なぜ他者のふり返りを「聴く」必要があるのか

　あなたが実習に行っている間、他の人にも同じだけの時間が流れている。その時間の中で、どれだけ学べるかは人によって異なる。他の人がどれだけ学んだのか、何を学んだのか、どのように学んだのか、その声に耳をしっかりと傾けられるかどうかが、あなたがこれから保育にかかわるものとしてどれだけ成長するかを決める。

　他の人のふり返りを聴いて、あなたはどのようなことを感じ、どのようなエピソードや言葉が心に引っかかっただろうか。それを書き出すことで、あなたの保育観がより確かなものになる。

　その発表に対して、あなたはどのようなコメントを返すことができるだろうか。「ほめることが大切」「子どもの反応を見る」など、抽象的で端的な表現でしかコメントができないのであれば、あなた自身のふり返りの深さを見直す必要があるかもしれない。一方、「園の特色や具体的なエピソードがよくまとめられていてわかりやすかった」「詳しくまと

められていて気持ちが伝わってきた」などのコメントが並ぶようであれば、あなたは発表の仕方に関心が向いているのだろう。

「反省を生かして成功することができて、反省は本当に大切だと思った」「信頼関係ができるまで叱ってはいけない」など、その人が自分の経験で裏づけして納得した言葉を、どれだけつかむことができるか。

「どうして子どもが集まってくれないかではなく、どうしたら集まってくれるかと、考える」「子どもに寄り添い、なぜだめなのかを一緒に考える。叱るのでなく話し合う」という他の人が受けたアドバイスを、どれだけ自分のこととして受け止めることができるか。

「目立った子どもだけを褒めるのではなくて、陰でがんばってくれた子どもも褒めるようにする」「仲のいい友だちと別々になって落ち込んでいる子どもに寄り添って言葉かけをする」など、他の人が持つ細やかな目配りや共感から積極的に学ぼう。

こうした普段の姿勢は、保育の現場に出たときも現れてしまう。特に、自分が追い込まれたり、気を抜いたりしたときに、普段の何気なく過ごしてきた習慣が出てしまう。他者のふり返りにしっかりと耳を傾け、共感し、学ぶ。それは、子どもの声に耳を傾け、共感し、子どもとともに学ぶためのトレーニングでもある。

(2) さまざまな園があることを知る

他の人の実習のふり返りを聴くと、さまざまな園があることを知ることができる。考えても見てほしい。もし、保育の道に進まなければ、あなたが知っているのはこれまでに通った園のことだけで、自分の経験した範囲でしか保育を語ることはできない。これから保育の道に進んだとしても、あなたが勤務する園の数は限られている。他の人のふり返りを聴くことは、さまざまな方針で保育を行っているいろいろな園の様子を一度に知ることができる、めったにない機会なのだ。

自発性を大切にして、椅子に登らないと届かない高さまでカプラを積み上げてしまう子どもが育つような園や、物を配る順番も計画を立て考

え抜く園もある。できたときの達成感を味わえるようにあえて手をかさない園、1年間の製作のテーマを決めている園、「子どもの自主性を大切にする」という抽象的な言葉も、園によってその実践はさまざまだ。

　その具体が大切であり、「自主性」という言葉に代えて、どのような実践で示すことができるか、「例えば……」と切り出して、どれだけのことを話せるか。もし、あなたが園長として幼稚園を任せられるなら、どのような保育をするのか。そうした観点で他の人のふり返りを聴いてみてほしい。

第3節　自己課題の明確化

(1) 具体的に考えてみる

　実習を通じて気づいた自分の課題を、態度・かかわり・配慮の3つに分けて、それぞれについて具体的に考えてみよう。

①態度
　□自分から挨拶をしたり、話しかけたりしたか。
　□自分から質問や相談をしたり、気付いたことを伝えられたか。
　□素直に感謝の気持ちを伝えられたか、指摘を受け入れたか。
　□失敗や不手際があったときは、自分から伝え謝ることができたか。
　□適切な髪型や爪の長さであったか、清潔を保っていたか。
　□適切な服装であったか、正しい敬語を使うことができたか。
　□遅刻や欠席、忘れ物や紛失はなかったか。
　□実習日誌は毎日提出し、誤字・脱字がないように見直したか。

②かかわり
　□子どもの名前を呼んで、表情豊かに言葉をかけることができたか。
　□子どもと一緒に遊び、手遊び・歌などの保育技術を活かせたか。
　□一人の子どもだけでなく、さまざまな子どもたちとかかわれたか。
　□生活の場面ですべきことについて子どもたちを援助できたか。

③配慮
　　□保育の流れにあわせ次の活動に移るための準備・手伝いができたか。
　　□保育の流れを予測して手伝いや片付け・清掃などの動きができたか。
　　□部屋や園庭の配置を理解し、適切に道具を用いて清掃できたか。
　　□配属クラスの1日の流れを理解し、予測して動くことができたか。
　　□安全面への配慮に気付き、危険な物などを取り除くことができたか。

　上記の観点で実習をふり返り、実習の初期から中期での目標や課題がどうであったか、中期から後期での目標や課題がどのように変化したかを踏まえ、自分の課題について具体的に書いてみよう。

（2）自己評価と他者評価をすり合わせる

　自己評価と他者評価のすり合わせをすることで「自分では分かっていない／他者は分かっている」という課題を見出すことができる。

図表15-1　自己評価と他者評価のすり合せ

評価の内容	自己評価	エピソード	他者評価
挨拶			
ことばづかい			
服装			
責任感			
意欲・積極性			
子どもの発達理解			
子どもとのかかわり			
実習日誌や記録の作成			
指導計画立案と実施			
指導の状況			
自己課題の明確化			
総合評価			

　　評価　A良い：指導を活かして行うことができる
　　　　　B普通：指導を受けて行うことができる
　　　　　C努力を要する：指導を受けながら行うことができる
　　　　　Dかなり努力を要する：何度も指導を繰り返す必要がある

出典：筆者作成

「自分ではもう少し高い評価だと思っていたが、他からみるとそうではなかった」という項目があれば課題に加えておきたい。その逆であれば課題リストから削除してもよいが、他者からは見えていないが自分では分かっていることもある。その場合は、課題として残しておこう。これに、自分も他者も課題と感じていることを加え、自己の課題を整理してみよう。

第4節　お礼状

　実習終了後、1週間以内にはお礼状を出しておきたい。しかし、常識を欠いたお礼状を出すと逆効果になる。
　例えば、以下のような基本的なことについて、よく調べてから書き始めよう。

＜手紙の基本＞
・「拝啓」などの頭語で始め、「敬具」などの結語で終わる
・前文で時候の挨拶→相手の健康をうかがう文言、といった手紙の要件を踏まえたうえで、実習の御礼を書く
・本文で実習の感想や学びを具体的に書き、今後の抱負につなげる
・末文で結びの挨拶を書く、日付・署名・宛名を最後に書く

　型を守ることは大切だが、どこかから借りてきた表現をそっくりそのままの礼状も味気ない。一般的な時候の挨拶として、例えば、7月であれば「盛夏の候」、11月であれば「晩秋の候」などでも良いが、まずは自分で調べてみてほしい。7月であれば「外を歩くと水遊びをする子どもたちの楽しげな声がします」など、自分が実際に感じている季節の変化を表現してみてもよい。

本文では、実習園の子どもたちと先生方とあなたが出会うことで生み出された唯一の物語や、あなたが心から感じたことを表現するためのひと手間を惜しまないでほしい。
　手紙だけでなく、封筒にも注意が必要だ。

＜封筒の基本＞
・宛名は全体のバランスを考えて書く
・住所が長い場合は２行にする
・園名や園長名に間違いがないか、確認する
・色つきや模様入り・茶封筒は避け、二重の白い長封筒に入れる
・切手の金額が正しいか確認する
・くだけた絵柄の切手は避ける

　あまり手紙を書いたことがないのであれば、他の人に見てもらおう。自信がなければ封筒・手紙とも鉛筆で下書きをして、清書する。細部に至るまで手を抜かず、やりきってほしい。
　最後に、かけがえのない経験をさせていただいたことへの感謝をこめて封をして投函(とうかん)する。そして、いろいろあったけれどもがんばった自分に対して「お疲れさま」と言葉をかけ、次の一歩を踏み出してほしい。

【引用・参考文献】
　阿部恵・鈴木みゆき編著『教育・保育実習安心ガイド』ひかりのくに、2002年
　小田豊・青井倫子編著『幼児教育の方法』(新保育ライブラリ) 北大路書房、2009年
　倉橋惣三『育ての心（上）』(倉橋惣三文庫③) フレーベル館、2008年
　佐藤学『改訂版　教育の方法』放送大学教育振興会、2004年
　平岡弘正監修・著、森元眞紀子・小野順子編著『改訂版 幼稚園教育実習――準備と自己評価で実力をやしなう』ふくろう出版、2014年

　　　　　　　　　　　　　　　　　　　　　　　　　　　　（新谷龍太朗）

【監修者紹介】

谷田貝公昭（やたがい・まさあき）
　　目白大学名誉教授
［主な著書］『絵でわかるこどものせいかつずかん［全4巻］』（監修、合同出版、2012年）、『しつけ事典』（監修、一藝社、2013年）、『実践・保育内容シリーズ［全6巻］』（監修、一藝社、2014〜2015年）ほか多数

石橋哲成　（いしばし・てつなり）
　　玉川大学名誉教授、田園調布学園大学大学院教授
［主な著書］『ペスタロッチー・フレーベル事典』（共編著、玉川大学出版部、2006年）、『ペスタロッチー・フレーベルと日本の近代教育』（共著、玉川大学出版部、2009年）、『新版・保育用語辞典』（共編著、一藝社、2016年)ほか多数

【編著者紹介】

谷田貝公昭（やたがい・まさあき）
　　〈監修者紹介参照〉

高橋弥生（たかはし・やよい）
　　目白大学人間学部教授
［主な著書］『しつけ事典』（編集代表、一藝社、2013年）、『健康』（実践・保育内容シリーズ、編著、一藝社、2014年）、『データでみる幼児の基本的生活習慣』（共著、一藝社、2007年）ほか多数

【執筆者紹介】（五十音順）

石橋哲成（いしばし・てつなり）　　　［第2章］
　〈監修者紹介参照〉

大﨑利紀子（おおさき・りきこ）　　　［第14章］
　横浜高等教育専門学校児童科保育課程教員

尾山祥子（おやま・しょうこ）　　　　［第7章］
　奈良保育学院専任講師

岸　優子（きし・ゆうこ）　　　　　　［第12章］
　華頂短期大学幼児教育学科教授

新谷龍太朗（しんたに・りゅうたろう）　［第15章］
　平安女学院大学短期大学部保育科助教

杉山喜美恵（すぎやま・きみえ）　　　［第3章］
　東海学院大学短期大学部幼児教育学科教授

髙橋弥生（たかはし・やよい）　　　　［第1章］
　〈編著者紹介参照〉

戸川　俊（とがわ・さとし）　　　　　［第9章］
　高田短期大学こども学科助教

西元道子（にしもと・みちこ）　　　　［第5章］
　第一幼児教育短期大学幼児教育科准教授

春原淑雄（はるはら・よしお）　　　　［第4章］
　西九州大学短期大学部幼児保育学科講師

福山多江子（ふくやま・たえこ）　　［第11章］
　　東京成徳短期大学幼児教育科教授

松田佐友里（まつだ・さゆり）　　　［第8章］
　　蒲田保育専門学校専任講師

森　希理恵（もり・きりえ）　　　　［第10章］
　　平安女学院大学短期大学部保育科助教

谷田貝公昭（やたがい・まさあき）　［第6章］
　　〈監修者紹介参照〉

山下佳香（やました・よしか）　　　［第13章］
　　聖ヶ丘教育福祉専門学校専任教諭

装丁　（デザイン）齋藤視倭子
　　　（イラスト）宮林道男

図版作成　　アトリエ・プラン

コンパクト版保育者養成シリーズ
幼稚園教育実習

2017年3月20日　初版第1刷発行

監修者　谷田貝 公昭・石橋 哲成
編著者　谷田貝 公昭・高橋 弥生
発行者　菊池 公男

発行所　株式会社 一藝社
〒160-0014 東京都新宿区内藤町1-6
Tel. 03-5312-8890　Fax. 03-5312-8895
E-mail : info@ichigeisha.co.jp
HP : http://www.ichigeisha.co.jp
振替　東京 00180-5-350802
印刷・製本　シナノ書籍印刷株式会社

©Masaaki Yatagai, Tetsunari Ishibashi, Yayoi Takahashi
2017 Printed in Japan
ISBN 978-4-86359-119-6 C3037
乱丁・落丁本はお取り替えいたします

一藝社の本

実践 保育内容シリーズ［全6巻］
谷田貝公昭◆監修

*各巻平均184頁

《保育内容各領域のポイントを精選。コンパクトで使いやすい新シリーズ！》

1 健康
谷田貝公昭・高橋弥生◆編

A5判　並製　定価（本体2,000円＋税）　ISBN 978-4-86359-072-4

2 人間関係
小櫃智子・谷口明子◆編著

A5判　並製　定価（本体2,000円＋税）　ISBN 978-4-86359-073-1

3 環境
大澤 力◆編著

A5判　並製　定価（本体2,000円＋税）　ISBN 978-4-86359-074-8

4 言葉
谷田貝公昭・廣澤満之◆編

A5判　並製　定価（本体2,000円＋税）　ISBN 978-4-86359-075-5

5 音楽表現
三森桂子・小畠エマ◆編著

A5判　並製　定価（本体2,000円＋税）　ISBN 978-4-86359-076-2

6 造形表現
おかもとみわこ・石田敏和◆編著

A5判　並製　定価（本体2,000円＋税）　ISBN 978-4-86359-077-9

ご注文は最寄りの書店または小社営業部まで。小社ホームページからもご注文いただけます。